U0604830

未读
UnRead
–
生活家

THE SCHOOL OF LIFE

A Job to Love

-

人生学校

理想的工作

〔英〕人生学校——编著

王绍祥——译

北京联合出版公司
Beijing United Publishing Co.,Ltd.

目录

A Job to Love

理想的工作

圆满的人生不仅需要一份称心如意的爱情，还有一个重要的前提，那就是要拥有一份自己热爱的职业。遗憾的是，了解自我、知道自己要把精力投向何方却比登天还难。为了帮助大家走出困境，我们撰写了《理想的工作》一书，它将指引我们更好地了解自己，帮助我们找到合适的工作。本书秉持同理心，重在务实，它将指引我们及早发现我们真正的天赋所在，在为时未晚之前厘清原本纷繁复杂的欲望和抱负。

第一章
引言

一　何为理想工作

我们相信一定能找到这样一种工作：看在钱的分儿上，我们不仅可以忍一时，甚至可以忍一世，而且其目标之高尚、同事之情谊、创造之活力也令我们心驰神往——这或许是我们这个时代最非同寻常但又最司空见惯的特征之一。我们应当孜孜以求，只为找到一份自己热爱的工作，这种崇高的理念在我们看来毫无奇怪之处。

或许很多人也有同样的愿望，拒绝承认这种愿望既不平常，也不易实现和持续下去。我们唯有集中脑力、时间和想象力探究其潜在的复杂性，才有可能实现这种愿望。

在漫长的人类历史进程中，有相当长一段时间内，“是否热爱工作”这种问题听起来既可笑又奇葩。我们耕作土地、放牧牲畜、下井采矿、倾倒马桶。我们承受着苦难。农奴或小农只能期待些许令人满足的时光，可就连这一星半点的时光也仅仅存在于劳作之余：来年收获的中秋时节，或是长子的大喜之日——而此时长子年仅6岁！

与之相对应的假设是：等我们赚够了钱，就不用工作了！在欧洲，古罗马知识阶层的工作理念曾独领风骚数百年。他们认为，一切有偿工作就其本质而论都是可耻的。值得注意的是，古罗马人用“negotium”一词表示“公务”，其字面意思是“无趣的活动”。这个词很能说明问题。休闲（无须辛苦劳作，可能再打打猎、宴宴客）被视为幸福生活的唯一基础。

然而，中世纪末时发生了一个显著的变化：一些人开始为了钱和成就而工作。最早追求这种非凡目标并取得成功的人之一的是威尼斯艺术家提香（Titian，约1489—1576）。一方面，提香在工作中获得了创作的乐趣——他热衷于捕捉光线落在袖子上的感觉，或是揭开隐藏在友人笑容中的秘密；但与此同时，他也给这种乐趣添上了一丝异样的色彩——他对优厚的报酬极感兴趣。在洽谈画作供应合同时，提香十分精明。为了提高产出（以及边际利润），他创设了一种工厂体系，请了一些助手，让他们参与到生产的不同环节。比如，他专门从维罗纳请了 5 个年轻人画窗帘。工作应该也必须是你所爱，而且应该是体面收入之源——提香是这一意义深远的新思想的首倡者之一。后来，这一革命性思想逐渐风靡全世界。现在，它已经占据了至高无上的地位，甚至在不知不觉中影响着我们的雄心壮志，左右着巴尔的摩的会计或是伦敦莱姆豪斯区的游戏设计者的希望与悲伤。

提香将一种复杂的元素引入了现代精神世界。先前，你可能是为追求自我满足感而工作，或者像业余人士一样不期望通过自己的努力获得酬劳，要么就只是为了钱而工作，不太在乎自己是否真正享受这份工作。而现在，随着新工作理念的出现，二者都已无法为人们所接受了。人们要求把挣钱和内在成就感这两个目标合而为一。从本质上来说，好工作一能深入内心最深处挖掘自我，二能创造出满足个人物质需求的产品或服务。这一双重要求给现代生活提出了一个特殊的难题，即我们必须同时追求这两个非常复杂的目标，尽管实现两个目标的统一还有很长的路要走。我们一方面要满足精神需求，另一方面要为物质生存埋单。

有趣的是，我们极力追求精神和物质统一的远大目标并不局限在理想的工作上，爱情也与此有很多相似之处。在漫长的人类历史中，有相当长一部分时间里，人们认为一个人理应爱他 / 她的另一半（而不仅仅是容忍）。这种想法简直匪夷所思。婚姻就其本质而论，无非出于实用的目的：把相邻的地块联结在一起，找一个擅长挤牛奶的人或者可以为你生一窝健康孩子的人结婚。浪漫的爱情或许只是一种可遇而不可求的存在：它可能是 15 岁那年仲夏留下的美好记忆，也可能是第 7 个孩子出生后，和一个并非自己另一半的意中人共同追求的美好情愫。在 1750 年左右，人们的爱情观也发生了翻天覆地的变化。我们开始对另一个远大的理想——因爱而婚——萌生出兴趣。一种新的希望开始让人们魂牵梦萦，即：哪怕是步入了婚姻的殿堂，一个人仍可和另一半相互仰慕、相互欣赏、彼此找到共鸣。于是，爱情与婚姻水火不相容的观念被打破，取而代之的是一种全新的也更为复杂的理想婚姻：因情生爱，因爱而婚。

现代世界是建立在对事物分久必合充满期待和愿景

之上的：金钱与创造性成就可以并存，爱情与婚姻有望共生。这是宽宏的理念，奉行的是民主精神，其对人类所能取得的成就寄予厚望，对过往的苦楚予以断然摒弃。但在将这些想法付诸实践的过程中，其结果也可能是灾难性的，因为期望越高，失望就越大。它们还会滋生躁狂情绪和被害妄想症，徒增强烈的颓丧感。我们喜欢用远大的新标准来评判自己的生活，又往往因为达不到这些新标准而大为沮丧。

尽管我们为自己设定了如此宏伟的目标，我们却总是暗示自己实现这些目标本质上并不难，因此事情就变得更加复杂了。我们猜想这无非就是跟着感觉走而已。跟着感觉走，我们就会找到对的人，收获一份由激情和日复一日的柴米油盐所共同夯实的爱情。跟着感觉走，我们就能找到一份好工作，既能实现赚钱养家这一平实的目标，又能满足内心的成就感。我们坚信在对的人或想法降临之际，我们萌生的不过是一种特殊的情感冲动。我们还坚信大学毕业后，自然会迈向一份可靠且适合自己的工作。我们把这份具有决定性意义的信任托付给了直觉。

我们倾注于直觉的一个特征，是我们还没有意识到投入一段感情或找一份工作需要大量的训练和学习。打个比方，我们想当然地认为，孩子如果想要在数学或外语学习上成为佼佼者，将需要成百上千个小时全面且有针对性的辅导。我们明白，光靠天资和运气不可能在化学上取得好成绩——反之，要是真有这个可能，那就太令人难以置信了！但是话说回来，如果学校真的把一系列关于“如何收获一份成功的爱情”或“如何找到一份与才华和兴趣相匹配的工作”的课程纳入多年的课堂教学之中，我们可能又会觉得稀奇古怪。我们可能知道这些决定至关重要且意义重大，但奇怪的是，拜思想史所赐，我们认为这些东西既无法教授，也无从学习。它们确实重要，但我们似乎相信等到时机成熟时，我们的脑子里会灵光一现，浮现出正确答案。

《人生学校》书系的宗旨就是纠正这样愚昧无知的思想，帮助我们用思想武装自己，让我们达成所愿，实现爱情与事业的双丰收。这些抱负固然令人钦佩，但说实话，它们实现起来尤为困难。

二　孤独的探寻者

寻求理想工作的道路上通常会有一些拦路虎，其中的一些我们已了然于心，也有完备的机构帮助我们消灭这些“大老虎”。

技能匮乏

众所周知，许多理想的工作需要你具备大量的特定技能和专业思维。你可能需要具备自信从容地完成飞机着陆的能力，或能操一口东亚语言与一群重要的国际客户沟通谈判。你可能需要掌握内耳解剖学或混凝土拉伸性能的具体知识。因此，久而久之，学院、大学和技术院校如雨后春笋般发展起来，试图解决大量因专业技能匮乏而造成的求职障碍。我们也能逐渐老练地面对因技能匮乏而带来的问题。

职位信息匮乏

要想知道好工作的藏身之处总归是不容易的。历史上的大多数时候，寻求职位空缺绝非易事，因为人们根本不知道从何入手。你原本是三个县之外庄园猎场守护人的理想人选，但你始终找不到这份工作，原因无非还是既老生常谈却又无法避免的那个理由：你压根儿就没听说过那里要招猎场守护人。你可能气质极佳、条件极好，足可经营一家新棉纺厂，但若不是你偶然结识了一位朋友的朋友，你可能一辈子都是个船闸管理员，问路无门。现在这一至关重要的问题得到了大家的关注，也得到了解决。我们创办了大量的就业和人才招聘咨询机构、猎头公司、社交网站等，在他们的帮助下，人们的就业更有保障，哪里有职位空缺、有何种工作，大家都一目了然。

目标不一致

但是要找到一份合适的工作仍然存在一个主要障碍，即弄明白哪种工作适合你且是你所爱这一过程痛苦万分、挑战频频。尽管它最为重要，但与前两点相比，这一点所受的关注要少得多。没有目标且对于自己要找什么样的工作一脸茫然，终究是求职的三个路障中最重要的一个。因为不解决这一点，教育和市场机会就无法发挥其应有的作用、履行各自的承诺了。

在解决这一问题上，我们共同付出的努力乏善可陈。当然，我们确实多少会比以前更关注这个问题了。比如，一些学院和大学引导学生和咨询师坐在一起，花一到两个小时的时间认真思考这个问题。我们可能会做一些诊断性测试，旨在引导我们做出可能与自己的性格相匹配的职业选择。测试中的许多问题基于迈尔斯 - 布里格斯（Myers-Briggs）问卷，该问卷最早形成于 20 世纪上半叶。

这样的一份测试可能包含上百道选择题，其中大多数题目要求测试者对各种职位（如“在户外工作”或“在零售业打杂”）进行评估，选项范围包括从“不感兴趣”到“极其喜欢”。其潜在意图是十分积极的。迈尔斯-布里格斯测试旨在帮助人们确定自己的性格类型——典型的性格有 16 种，从 ISTJ 型（内向，感觉、思维和判断功能较强）到 ENFP 型（外向，直觉、感觉和感知功能较强）——然后把我们与这些性格特征能够得到最佳体现的职业匹配起来。

然而，据我们目前所知，这种诊断性测试也暴露了不少缺陷，有些缺陷极其致命，有些则引人深思。比如，完成测试需要一个小时，测试时间过长。但是，考虑到“如何找到称心如意的职业”这一主要问题的重要性，这一测试实际上又可能过于简单。而且，这类测试就其指导作用而言过于模糊或过于玄乎。它们可能发出一些自相矛盾的信号：我们极富创造力，但在理性指标方面的得分略低；或者我们可能在需要团队合作或与客户打交道的职业中具有突出的领导力，但这些测试无法测出我们具体的个性化能力。测试结果可能会导向一系列奇奇怪怪、横竖都行的职业选择，比如，测试答案呈现的结果是，我们适合那些与动物相处或是与数字打交道的工作。

回顾历史上职业生涯最圆满、最理想的那些人物，试想一下当代职业预测机构可能会为他们提供怎样的职场建议，对比之后我们就会发现，当下的检测方法是多么不堪胜任。假设莫扎特进行了迈尔斯 - 布里格斯测试，交卷后，他可能会获得如下建议：“您适合从事创意与设计类的、可发挥想象力的工作，比如艺术、表演、创意写作、视觉设计、发散思维、商业创意等领域，以及在没有条条框框的环境中萌发新的点子。这样的工作包括平面设计、培训顾问、婚礼策划、公共关系等。”这些工作无论是与莫扎特的歌剧《唐 · 乔瓦尼》（*Don Giovanni*），还是与其《A 大调单簧管协奏曲》（*Clarinet Concerto in A Major*）都相差甚远。

这种令人啼笑皆非的结果说明，许多测试在个体指引方面既不够严谨，又不够专业。在职业生涯越成功的人面前，现有的测试风格显得越滑稽、越鸡肋。

对莫扎特而言，真正具有指导意义的职业建议应该更加具体，理想的职业测试应挖掘其个人特质和优缺点中的精髓，由此给出的指导建议可能会是："巴洛克后期清唱剧复调音乐的创作，简化其复杂性，扩大其情感共鸣。可尝试与既睿智又具哲学思维的音乐剧作家合作。您的测试结果表明您特别适合将喜剧和讽刺音乐元素融入庄严宏大的场合。在《安魂曲》（*Requiem*）的创作中关注自己对死亡的悲伤和焦虑。终极目标：重新引领西方音乐文化的发展之路。"

上述局限性并非仅见于屈指可数的天才身上。如果职业能力测试只是无法对 0.1% 的人做出公正评价，那并不是一个大问题。但是，如果众多高素质人才由于在关键时刻缺乏良好的建议和指引而未能大展拳脚，那就难免令人扼腕长叹了。而现实恰恰如此。得不到真正精准的建议对我们每个人都有影响，哪怕我们已事先深知此类测试在极端案例（如莫扎特）中有其缺陷。许多人都糊里糊涂而且真真切切地受到了以下想法的困扰：尽管不明白该做什么以及该怎么做，但原则上，他们多少还是可以做出一番能改变世界的事业的。因此我们亟须大量可靠的指引。

英国诗人托马斯 · 格雷（Thomas Gray，1716—1771）

一面凝视着一个小村庄墓园里农场工人的墓碑，一面思忖着未尽之才这个悲伤的主题。他好奇这些人曾经取得过什么样的成绩、如果他们际遇更好的话可能从事何种工作。

也许这一块地方，尽管荒芜，
就埋着曾经充满过灵焰的一颗心；
一双手，本可以执掌着帝国的王笏
或者出神入化地拨响了七弦琴。
……
世界上多少花吐艳而无人知晓，
把芳香白白地散发给荒凉的空气。
……
也许有缄口的米尔顿，从没有名声[1]

格雷采用诗歌这一优美的形式表达了其对平民无法施展抱负的不满，甚至可以看作是对社会的控诉：假以合适

[1] 托马斯·格雷《墓园挽歌》，1751 年作，卞之琳译。

的机会和指导，所谓的平民百姓同样可以成就辉煌。

今天我们所面临的困难不仅仅是简单的缺乏教育，或没有能力找到工作机会，还包括了缺乏对我们能力的精确分析以及对如何施展才能的引导。而这正是现如今仅能从宏观上给我们以指导的职业诊断性测试所可望而不可即的。

当下的这种测试方式有一个特别的问题，那就是它只能僵化地根据现有的工作种类按图索骥。这并不奇怪，因为这项测试发端之际恰逢就业市场相对稳定、职业选择大体已有明确界定的时代。但是，对一个人而言最为合适的工作（也有可能是其热爱的工作）至今还未出现也是极有可能的。一个人有可能在还未面世的某种工作上有着极大的潜能。

1925 年，如果 36 岁的詹姆斯 · O. 麦肯锡（James O. McKinsey）参加了当时新近研发的迈尔斯 - 布里格斯测试，该测试可能会揭示其过人的智慧和解决问题的天资，对他的职业建议可能定位在学术（事实上，他当时刚刚受聘为教授）或企业上。但这个测试没有指向他真正擅长的方面，即把学术和企业合而为一，应该也没有建议他另行开辟新的工作领域——当时尚无具体名称的某种工作。求职路上，他可能单枪匹马，孤立无援。就他而言，一切发展得还算不错：第二年，他成立了麦肯锡公司，并首创了管理咨询这一理念，（偶然之中以最佳的形式）将研究和实际决策二者有效地结合起来。而有些测试无意之中让我们不知不觉离自己所追求的、可能也是最有趣的职业生涯越来越远，正如基于现有工种为人们提供理想职业建议的迈尔斯 - 布里格斯测试一样。

我们没有必要因为自己的困惑而怪罪自己。我们的文化给我们抛出了一个棘手的问题：它承诺我们，理想的工作是存在的，但同时又让我们对如何发现自己的天资和兴趣这一问题毫无准备。这本书的目的就是要帮助我们解决这一时代难题，它悄然改变着我们的生活，摧残着我们无可厚非的希望。

第二章
设立目标的障碍

一　使命的迷思

明确职业目标是一个重大且普遍的难题，但目前人们对于这一难题还缺少应有的广泛而细致的考虑。事实上，我们倾向于把对职业生涯的困惑看作一个略微使人尴尬的失败之举，而这对困惑者造成了严重的影响。困惑已然与头脑混乱、不切实际、莫名挑剔、难以取悦等特征画上了等号。我们可能将它视为被宠坏了（“对任何工作你都应该心怀感激”）的结果，或缺乏奉献精神或浮躁的表现。评价之所以如此不堪，是因为我们仍然受到一种力量巨大且害人不浅的观念的蛊惑，我们姑且称之为“使命的迷思”。

这一误区源于某些宗教经验，尽管罕见，却意义重大且令人印象深刻，西方历史上曾给予它过度宣传：某些时刻个人受到了上帝的召唤——有时是通过天使传声，有时则透过云层直接交谈——和指引，倾其一生投身于神圣的事业。

有一个颇有影响的故事，说的是哲学家圣奥古斯丁（354—430）中年时受到神启，改变了职业，从一个异教徒文学教授转行成了一名天主教主教。这是一个巨大的职业转变，但是这一转变并非奥古斯丁独力完成的。公元386年，他碰巧在米兰，有一天他外出散步时听见一个孩子在歌唱，歌声悦耳动听，他之前从未听过。合唱部分的歌词是“捡起来，捡起来吧”，这就像是上帝的一道指令，而他听懂了。他赶忙翻开一本《圣经》，阅读了他目光驻足的第一段话——也正是这段话告诉他要改变自己的生活，从而成为我们今天所熟知的伟大的天主教思想家和神父。

尽管这个故事与天主教神学有关，但是还没等我们明白这种关系，人们就已经把它世俗化了。我们继续前行，仿佛走着走着，到了某个节点，我们也会听到类似天主的召唤，指引我们奔向生活的彼岸。

按惯例，我们首先要从艺术家说起。文艺复兴以前，搞艺术只是众人从事的其中一种工作而已，且往往是因为他们的父亲或叔叔也从事过这类工作。在人们看来，当一名画家或雕塑家与做一个鞋匠或马具工人并无本质区别。前者只不过是一种需要技巧的有用行当而已，任何勤勉之人通过一段时间的训练都可熟练掌握。但是，艺术家们借鉴宗教故事，开始认为自己是受命运之神的“召唤”得以从事这一职业的。他们身上的某种特质引领着他们进入各自的艺术生涯。米开朗琪罗（1475—1564）就是这一观点的最极端例子，他坚信是自己的灵魂召唤他去画穹顶壁画、做大理石雕的。有时他也希望自己可以停手，但这样做无疑会背叛自己的使命。

使命这一观念在许多世界名人的传记里颇为突出。例如，众所周知，波兰科学先驱玛丽·居里（1867—1934）在 15 岁时便知晓她一生都将投身于科学研究。为此，在职业道路上，她坚定不移，顽强地与每一个困难做斗争。学生时代，她身无分文，冬天的时候差点被冻死，还经常饿晕过去。但最终她成功了，两度荣获诺贝尔奖：第一次获奖是在 1903 年，因其对 X 射线的研究而获奖；第二次是在 1911 年，因发现元素镭和钋而获奖。

上述案例似乎表明，拥有一种使命是走向成功的必由之路，象征着命中注定要成就一番大事业。而没有使命必定是不幸的，而且是低下无能的标志。结果我们既因心中没有规划出一条职业道路而惊慌失措，也因自己的疏忽而萎靡不振，因为它证明了无论我们最终以何种职业道路收场，都必将是无关紧要的那一个。

更糟糕的是，“找到一个人自己的使命”似乎已经成为我们在短时间内应具备的一种能力。而搜寻这种使命的方式还应该（这还多亏了宗教和艺术界的前辈们）完全处于被动：你应该静静等待一个“天启”的时刻，在现代语境下，这就好比等待一声惊雷或一个神的声音、一种内心的驱使或直觉，推着我们前行，把我们变成足疗师或供应链经理。

我们有一种习惯是爱问年幼的孩子他们长大了想做什么，这种习惯看似微小，却是上述态度的重要反映。有一种虽然不太可靠但发人深省的假设认为：在孩子感兴趣的那些选择（足球运动员、动物园管理员、太空探索者等）

中，总有某个预示着这个小人儿真正命运的重要心声的第一次磕磕绊绊的表达。因此，不要认为我们期望一个五岁半的孩子理解他们在成人就业市场上的身份是件奇葩的事情。

这一切均有助于阐明社会对制订职业规划这一任务的缄默态度。亲朋好友通常只会善意地建议身处迷雾中的你默默等待：有朝一日，一份称心如意的职业会突然砸到你头上来。

当然，与这种不幸且沉重的使命概念所表达的相反的是，对于一个人的天赋或如何施展这些天赋一概不知不仅完全合理，甚至颇有裨益。一个人的天性纷繁复杂，其能力也难以细致描绘，而世界的需求变幻莫测、难以捉摸，因此要发现一个人和一份工作之间的契合点，是一个重大且极其合理的挑战，它需要大量的思考、探索和智慧的协助，也可能耗费你数年的精力。因此，不知道自己应当从事什么工作也完全正常。而且，当你意识到自己还不明白，甚至长期沉浸在“一个人应该……”这种令人精疲力竭的假想中时，这一点无疑是成熟的一个重要标志。

二　想法模糊

我们需要连续多年投入大量精力，才会明白自己真正想做什么。哪怕我们接受了这种观点，也会遇到一个更加深奥且令人困惑的问题：了解我们的思想本质到底有多难？

我们的大脑在自我阐释和自我理解方面天生不甚在行。我们不可能坐下来，像问自己喜欢吃什么一样，直接问自己想从事什么工作。在审视的目光之下，“我们”退缩了，沉默了，碎片化了。

我们的大脑深处充其量只会释放出断断续续的信号：某些事物颇有吸引力，某些事物颇为可怕。我们或许会发现大脑里传来一些声音：“我想做一些有创意的事情”或“我不想替企业卖命”，“我想与众不同”或“我想做有意义的工作”。

这些愿望可能合情合理，但是缺乏定义，因此只能算是有勇无谋。基于这些愿望发展而来的职业前景只会给我们平添恐慌。没有一个强有力的计划来支持，我们很快就会成为他人计划里的囊中之物。

我们常常责备自己以及我们看似异常迟钝的大脑。但是无能并非我们所独有的。我们只是遇到了——在特别紧张的时刻——一个关于人类思考器官的基本问题：我们的大脑无法对直接的问题轻易做出回答。如果有人要求我们告诉他爱究竟是什么或友谊包括些什么，同样的碎片式回答也会出现。我们可能因此备感困惑，觉得被耍了。极有可能的是，尽管存在一个明显的核心事实，我们却不可能对这一问题做出合理的分析：关于爱和友谊的构成，我们一定有许多想法隐藏在某个不为人知的地方，因为我们都曾体验过很多爱与友谊的时刻。

我们已经拥有大量的相关素材，能够构建有深度、有广度的见解。我们有很多稍纵即逝的想法和感受。我们经历了很多或好或坏的事，足以做出颇有深度的回答。但是，不知出于何种原因，我们的经验还不足以形成滴水不漏的回应。问题就在于我们的想法在大脑中通常处于游离状态，像一盘散沙。我们还没有能力综合这些想法，对其进行筛选，也看不到它们彼此间的关联和演变。我们还没有时间或勇气来思考每个人告诉我们的想法以及如何将其串联在一起。但是，如果我们的思维再敏捷一些，自信再多一些，我们所有人都将有能力提出最有价值的观点（被我们称为伟大作家的那些人其实只不过是那些懂得将自己稍纵即逝、虚无缥缈、最羞于见人的想法网罗起来的人）。

许多事情我们是知道的，但是我们并不知道自己已经知道，因为在整合和阐释过去的经验方面，我们并未受过训练。美丽的城市是什么样的？理想的假期是什么样的？成功的对话应该如何进行？这些问题听起来令人却步，但我们心中其实已经有了答案，因为我们所有人在记忆深处都留存着关于"幸福时刻"的种种回忆，这些回忆是我们漫步于首都街头，或在新环境中感官得以复苏，或与同桌的朋友产生共鸣时所产生的。我们以为"我们不知道"纯粹只是系统性地低估自身能力的一种表现。了解了这些规律后，我们忽略了一个事实，即我们自身已经拥有能力来解决生存中最庄严之主题。

出于恐惧和习惯，我们非但不进行自我剖析，反倒诉诸老生常谈，虽然我们也怀疑老生常谈是否与我们的印象一致，觉得自己的真正感受正在以一种复杂的前语言形式隐藏在某处，但同时又希望发问者离开我们，去使其他什么人觉得能力不足。

因此，在“我们可能想从事什么样的工作”这一问题上，我们无法给出一个直截了当的答案，这种情况没有什么可奇怪的（因此也没什么值得特别担心的）。这个例子再次说明我们大脑的自我反省能力非常弱，且信心不足。

我们的大脑要孕育职业计划实属不易，而制订这一计划所需的素材其实就存在于我们的大脑之中，因此，我们应该花些时间勤勉地收集有关信息，为其建立一个信息库，深入思考并分析这些信息，借此确保那些七零八落的想法和稍纵即逝的感官印象终有一日能够拼凑成清晰明了的脉络。在这一过程中可能存在许多复杂的问题（稍后我们再讨论这些问题），但是开始着手的一个主要障碍是我们惆怅的情绪，即哪怕这么做也是奇怪的、没有必要的。

要了解我们的工作作风，首先应了解我们的想法天生模糊且带有一些神经质，而不至于被一种想法左右，认为我们隐秘的心理倾向会以任何一种个体的弱点为耻，或表示了某种个体的弱点。

要解决应从事什么工作这一问题，我们应该相信自己内心已经有了大致正确的答案。但是，继续前进的最好方式不是匆忙下结论，因为我们还未在心里对答案所需的数据进行研究或分类，我们还不了解自己的本质或数据能给我们以指引的那些潜能，也并未从错误和遗忘的牢笼中解脱出来。我们必须保持耐心，并相信我们已经掌握了大量的信息和经验，它们对于决定我们应该从事何种工作意义重大。但是它蒙上了面纱，我们不能自动认识并理解它。现在既然信息已经在那儿了，我们只需将其编进关于职业天赋的最高级指标，即许多不起眼的任务与挑战带给我们的那种超乎寻常的愉悦感、热情或厌恶里，而这种情感之强烈似乎与有偿的工作毫不相干。

但矛盾的是，在引导我们走向一份崭新和更有成就感的工作的过程中，起到尤为重要作用的并不是我们过去关于工作的直接想法。我们寻求的是一份自己热爱的工作，而不是我们过去从事过的工作，因此我们需要更深入地了解我们热爱什么、为什么热爱，而不是过早地进行职业规划。或许，我们可以从充满偶然所得的职业洞见之“宝库”——童年——入手。在漫长的孩提时代，我们何时会因激动而战栗？我们应该让大脑休息放松一下，应该让最渺小、最不经意的细节自行呈现出来。那可能是在一栋老屋里，我们惬意地躺在卧室地板上（那时可能才八岁），从彩色便笺上剪下数张纸条，摆成颜色交错的条状。有时你特别喜欢在一张白纸上画直线。也可能你很喜欢某件针织套衫，其正面是黄色的圈状图案；或者在你很小的时候，你喜欢在偶尔会待的酒店花园里绕着金雀花灌木丛跑圈儿；或是你觉得极其整洁的房间挺特别。当你得在学校和伙伴合作完成一项作业，但是分配给你的搭档在演示文稿的大小和外观，或幻灯片的排列顺序上不采纳你的想法时，你可能觉得糟透了。或许你厌恶那些总是把头发梳得油光发亮的人，或是你很享受与朋友谈论荒岛上的奇闻趣事的时光。

在此类记忆中，我们会精心挑选内心感觉历史上的关键事件。我们可能不清楚它到底是什么，反正就是给我们留下了或愉悦或悲伤的印象。这些细微的碎片折射出了我们天性中的一些主要倾向，在我们的内心之中，它们有可能还处于活跃状态，但是没有达到可操作的水平。因此我们不必操之过急。或许，我们得反省数月时间，才能揭秘并确认我们性格中的某些核心成分，它们最终可以是一盏指引我们走向良好工作生涯的明灯。

我们需要了解的不仅仅是过去，还应该开始收集并分析我们当下的感觉。因为人脑习惯每隔几个月就清除最初的记录，我们应该随身带一个笔记本，这样才能捕获相关情绪，未来才能重温这种情绪，并且尝试将其与我们已经记录下来的其他体验联系在一起。我们应该拥有像鸟类学者一样的耐心，躺在杜鹃花丛中，耐心地等待珍稀的候鸟飞过。

也许，最擅长且最早使用精细的信息收集法的莫过于作家。几乎所有类型的作家都保存着一些笔记本，这并不是因为他们感受良多（源源不断的情感体验是普遍的），而是因为他们深知这些看似细微的思想其实是无价之宝，而且他们也深知遗忘会让他们付出高昂的代价。

比如，法国伟大的小说家巴尔扎克（1799—1850）就有记笔记的癖好。他痴迷于研究人类的性格，尤其是人的一言一行，因为人们的言行举止总会出卖他们的个性。抱着这种目的，无论是在巴黎街头，还是在餐厅，抑或是在办公室里，巴尔扎克始终坚持观察人们的一言一行。他的笔记本里有如下的记录。

> “她的一举一动极不协调；她每前进一步，都让人觉得整个人就像雕像似的。”
>
> “他走路的样子像个暴君：哪怕是最细微的动作里也隐含着对安全的威胁和炫耀力量的意味。”
>
> “一个无礼的举止暴露了一个恶习。”
>
> “这个女人闲庭信步，炫耀一切却不露声色。”

但是巴尔扎克没有止步于此。这些体验的片刻在巴尔扎克考虑清楚应当用在哪里之前，还不能够真正使各自的角色栩栩如生。对他来说，他需要为这些角色找一个合适的位置并将其融入作品。尽管这看似只是巴尔扎克的烦恼，但他在无意中发现了一个人人都需要面对的任务。同样地，我们也需要捕捉和分析我们的感觉，从数以千计的形形色色的线索中提取出我们所需要的素材，虽说这些素材还不足以形成一部小说，但是其创作出来的东西也尤为重要，那就是我们未来工作生涯的框架。

练习

既然准备开始求职了，那就意味着目前我们已经知道哪种工作适合自己了。但是一个更有希望的切入点是承认自己根本不知道哪种工作适合自己！

这么做最大的难点就在于重新触及我们最真实的渴望。奇怪的是，在童年，即在我们对工作没有任何概念的时候，那种最真实的渴望冒了出来。童年是追寻我们内心真实渴望的最佳时期，因为那时我们在追求事物时是纯粹的，不存在长大后那些抑制或扼杀我们兴趣的众多干扰因素。孩提时的我们对地位、金钱没有任何歪心思，甚至对我们是否擅长于正在做的事也毫不在乎。因此，了解欢乐的童年时光对我们颇有裨益。

第 1 步

回想一下孩童时期你爱做的三件事情。

· 描述一下你过去时常玩耍的地方。

· 雨天时你的房间、花园或院子会是什么样？

· 你会在那里做什么？

第 2 步

用几行字来分别描述这三个活动。

比如“我经常到楼下搭建乐高堡垒。我坐在地板中央，在我开始玩耍之前会把所有的乐高拼块按顺序摆放好”或“我常常假装开飞机，把厨房里的食物运送到我房间里，作为机长的我会命令我的软毛玩具动物站成一排，然后开始广播”。

第3步

想象一下，你正在向某个人解释自己为什么喜欢做这件事。请闭上眼睛，回忆你所做的那件事。描绘一下最美好的时光。

我特别喜欢的是：

· 房间整洁有序的时候

· 给动物们喂食的时候

· 我们掉进池子里的时候

· 我可以引导乘客的时候

现在透过这些特别的时刻，确认一下这些时刻背后的潜在乐趣，以下即为一例。

我感到快乐是因为：

· 创造一个秩序井然的小世界让我很有满足感

· 使动物快乐非常有趣

· 和朋友们在一起时很有安全感

· 我喜欢自己掌控全局的感觉

第 4 步

进一步把你的答案提炼成描述自己喜好的模式。

· 我是一个喜欢秩序井然的人。

· 我是一个喜欢带给他人快乐的人。

· 我是一个喜欢与团队和睦相处的人。

· 我是一个喜欢掌控全局的人。

孩童时期，我们不会去分析自己的快乐，但通常只有在孩童时期，我们的快乐感才是强烈且直接的。然后我们就进入了青春期的荒漠，这个时候乐趣已经退居次席，关键在于在社会上寻得一席立足之地，并最终融入经济浪潮。成人期的我们则将真正能让我们快乐的东西列在了优先级名单的最后。

上述过程可以帮助我们获取更多关于我们童年时真正热爱的事物的具体信息，那时我们自由地选择自己喜爱的事物。我们应该对其他童年记忆重复上述过程。如此一来，我们可以为带给自己欢乐的事物勾画出一幅图景，进而为可能使自己有成就感的工作勾画出框架。一份理想的工作几乎与我们在童年时期已经体验过的快乐不谋而合，这是不可避免的，其方式微妙、不易察觉却至关重要。

到目前为止，我们都在汇总各种各样的感受。但是还有下一步。我们需要把这些感觉衍生出来的其他东西联系起来并加以概括，同时记住这一点：这些东西的意义通常是间接凸显的。比方说，我们从阅读杂志中获得快乐，但这并不意味着我们一定要从事一份与杂志有关的工作。我们的成就感值得我们探其究竟，从而精准地使真正适合我们的职业选择浮出水面。认真加以分析后，我们就会发现，阅读杂志所带来的乐趣体现了我们在职业兴趣方面的点点滴滴，而这种职业兴趣的范围远远超出了消费性出版的范围。有可能是我们对它的纸质、内页插画、读者咨询栏的口吻抑或编者承诺弥合了读者不同背景间差异的信息中所蕴含的活力氛围产生了兴趣。阅读杂志是一种乐趣，但这些乐趣并不一定非要与杂志本身有关不可。我们最初的分析可能太过匆忙，对造成自己感觉的真正来源一扫而过，很可能因此“误入歧途”，结果也相当严重。尽管能够给予我们指导的信息只是偶然出现在《贝拉》（*Bella*）或《美好家园》（*Better Homes and Gardens*）等杂志的过刊中，但实际上，如果对这些信息进行适当的筛选，我们的感觉可能促使我们转向一个与杂志没有任何关系的职业：我们可能更适合在一家文具公司或工业设计工作室里工作，或者从事与心理治疗相关的行业。

这就是我们应该谨慎小心，不要把自己或他人与具体工作联系在一起的部分原因，我们应该更关注工作的内在特性。我们不应匆忙得出“平面设计师”或“教师”这样的结论，而要尽己所能，坚定地选择富有乐趣的工作，其关键词如秩序、领导力、意义、冷静、团队精神。

这时就需要我们召唤内心的声音，上演一场“内心戏”。“内心戏”上演之际，大脑里的一个声音必须慷慨但又坚定地向另一个声音提出质疑。而作为“观察者”的自我应该质问作为“日常感受”的自我：“所以你觉得这是美好的。令你快乐的经历究竟是什么？令你感到开心的并非全部，而是更具体的东西。你能说得更详细些吗？”而作为“日常感受”的自我可能会说：“我不知道，不确定。只是觉得它很甜蜜。”作为“观察者”的自我可能这样回应道：“不确定？没关系！我们再来一次！我们换一种途径试试。在其他时间里，你会有与先前相似的感觉，但不会完全相同。把这两者做一番比较会怎么样呢？”然后最初的线索逐渐显现出一部分信息，这些信息包含了真正使我们感到快乐或不安的事物，因此让我们逐渐理解了自己在工作中扮演什么角色以及工作中理想的自己应是何等模样。

能为未来提供线索的不只限于快乐的感觉。我们出乎意料地发现，妒忌同样是一种重要的指引。羞愧是对妒忌的一种自然反应。然而，因偶发妒忌而感到尴尬可能会让我们压抑这种妒忌，因此，我们原本能从妒忌中吸取极为重要的经验教训，却最终事与愿违。勇于面对妒忌情绪是决定职业道路的一个必备条件，尽管这一情绪让人感到不舒服。妒忌是行动的召唤，理应引起我们的注意。妒忌中包含着错综复杂的信息——关于未来我们将从事何种工作的信息，而这些信息是由我们个性中混乱但又不失重要的部分发出的。要不是这种时常出现的妒忌情绪，我们可能不知道自己想成为什么样的人。我们非但不该压抑这一情绪，还应不遗余力地对其进行研究。我们妒忌的每一个人都拥有一块七巧板，描绘着我们可能拥有的未来。当我们翻看报纸或收听广播，无意中发现了老同学新近调动的信息时，我们心里会十分忌妒。于此，关于一个“真实自我”的面纱正在慢慢揭开。此时我们非但不能躲避我们的情感，还要问我们妒忌的所有人一个最基本也是最能挽回颜面的问题：“我究竟能从你这儿学到什么？”

即便我们的确着手处理妒忌情绪了，但在关于妒忌的智慧面前，我们充其量只能算是一个极差的学生。在我们开始妒忌某些人的全部时，如果花些时间去分析他们的生活，我们可能会认识到与我们产生共鸣的只是他们所作所为的极小一部分而已，而且它应该为我们的下一个步骤提供指导。我们想要的可能不是餐厅创业者生活的全部，而只是他们创办餐厅的技能。我们可能并不想做一个陶工，但是在工作生涯中我们需要更多乐趣，而这种乐趣在我们已经知道的某种工作中是很明显的。我们很容易遗忘的是，我们妒忌的那些品质不仅仅属于某一具体和引人注目的生活，我们也可以在数不胜数的其他地方追寻这些品质，虽然数量更少、不那么明显，但它们让我们迎来了更多的可能，去创造更易掌控也更加现实的理想生活。

练习

我们通常认为妒忌并不是一种正面的情绪。但是我们拥有的每一次妒忌经历都会给我们提供一个机会，让我们了解自己心底真正喜欢的是什么。通过仔细探究妒忌的细节，我们会发现自己缺少了什么，然后才能反思我们应该追求的目标。

第 1 步

想一想你妒忌的那个人，把他们身上令人妒忌的一切一一罗列出来。

例如：

· 谈吐自信，成功，有主见，富有

· 乐于倾听，与有魅力之人交谈，聪慧，受人喜爱

· 思路清晰，深思熟虑，地位稳定

· 工作勤勉，敢于冒险，敢开高价，道德高尚

现在问问自己：是什么让你对这个人心驰神往？是你列表上的所有特质，还是其中一两个特别突出的特质，让你感到妒忌与渴望？

第 2 步

一旦你缩小了自己所妒忌的具体特质的范围，问问自己该如何将其融入自己的生活。试想一下，你无法成为这个人，但是可以拥有你所妒忌的东西，如财富、敢于冒险的性格和清晰的思路。你可能至少初步拥有这些特质，但不一定到完全拥有的地步。想想自己的生活中融入了这些特质之后会怎么样。然后考虑一下，要实现这些目标，你要采取的第一个实际步骤是什么？

满足感和不安全感遍布于我们生活里的各个角落，我们必须学会梳理隐藏在其中的显而易见的细小瞬间。一旦我们了解了自己的想法有多么混沌，以及把一些复杂却重要，而且回答了我们关乎未来的疑问的答案拼凑起来是一件多么棘手的事情，我们就能拥有一个全新的视角。我们会逐渐明白：职业分析需要时间，需要分多个阶段进行，匆忙下一个结论可能会适得其反。我们开始明白，要研究出一个人在其短暂的一生中应该从事何种工作是一个意义重大、复杂且光荣的任务。

练习

有时我们关于自己可能喜欢从事什么工作的想法过于笼统。

我们可能萌生过下列念头：

· 我想做些富有创造力的事

· 出出差挺不错

· 我想赚些钱

· 进入咨询公司可能很棒，但是我担心这种工作可能会索然无味

· 在杂志社工作一段时间应该很有趣

· 搞政治？疯了吧你？

· 我担心自己会被呼来喝去

· 我对民权运动颇感兴趣

· 有个电台主持人的工作，我还蛮喜欢的

第 1 步

列出个人清单，把自己的想法说出来。有所困惑、东拉西扯、天马行空都是可以的。

第 2 步

我们要注意到这份清单的模糊性，但不要因此恐慌。无论我们职业决定的起源有多荒诞，我们都不必感到尴尬。最初的想法支离破碎、零零散散、缺乏重点，这些都是完全可以的。

第 3 步

你清单上的每个事物背后都有我们所说的“兴

奋点”，也就是产生这些想法的体验。可能是你思考每件事时大脑浮现出的特殊画面或场景。例如，你在考虑从政时，你会看见自己在做演讲——这一场景与你曾经看到的关于议会的一则新闻有关。

对于清单上的每一个事物，请确认其背后的主要体验或你脑海中浮现的画面。有一些能够让你兴奋的东西在其他人听来可能相当古怪、琐碎，甚至过于迷信，但是请继续下去。

例如：

· 我去了马蒂斯（Matisse）作品展并观看了一部关于他与剪纸贴画的故事的电影。

· 比尔·盖茨与夫人梅琳达在乌干达捐赠蚊帐的事迹太酷了！

· 一座豪宅里有一位专职大厨……读到这里，我心想：这种生活该有多美妙啊！

· 在我国，许多儿童都得不到照顾。

·《时尚》（*Vogue*）杂志纪录片里的人物太潮了，与我父母大相径庭。

· 我喜欢待在海牙，见证新房产项目的落成。

· 与优秀团队一同出差，在机场里有专车接送，担任 CEO 顾问。

第 4 步

我们原以为自己获得了一次思想上的飞跃，不料却误判了自己的兴趣。我们往往根基还未扎牢，结论已很宏大。

· 你可能告诉全世界你想要从事咨询工作，但事实上，令你激动的不过是吃饭有人埋单、机场有专车接送而已。所以我们真正的兴趣被贴错了标签。

· 你告诉别人和自己，你想要一份与杂志有关的工作，但你真正的兴趣更为具体并具有个人特质：你偶然看过《时尚》杂志的纪录片，并为其展现出的华丽特质而兴奋不已，但这些特质很多地方都有，不仅限于杂志。

请将第 3 步中的清单与第 1 步中的清单进行比较，看看你从自己最初的体验和想象中得出的结论有何区别。仔细检查一下是否有误判之处。

第 5 步

我们通常会遗漏一点：没有分析最初的兴奋点和刺激感。我们没能准确说出自己感兴趣的到底是什么。

· 你的梦想是和你的偶像一样，成为一位职业电台主播，但是这份工作真正的兴奋点在哪儿呢？事实上，你所热爱的是人与人之间的交谈以及对美好生活之智慧的探索，而这与电台并无任何关联之处。

· 你感觉有太多的孩子缺乏关爱——你看过一部相关题材的纪录片，因此深受触动并大为光火。

当你对这种感觉一探究竟时，你意识到自己关心的是人们在感情关系中能否得到适当的帮助。而这在许多工作领域中都会涉及。

仔细检查潜在经历和情景的清单之后，详细描述一下这些经历和情景对你而言意味着什么？你为何因此感动或兴奋？精准地说出每个事件中自己的关切所在。

结语

我们越了解自己的兴趣，关于我们可能热爱的工作的最初想法就越可能发生变化，有时我们甚至会渐渐打消这些念头。同样地，分析我们的经历和脑海中的情景可以帮助我们清晰地阐述自己真正想要的是什么。弄清楚是什么在激励着我们，能够引领我们走向崭新的、更加美好的旅途。

第三章

工作之乐趣

一　分清所爱

我们知道，从理论上讲，工作也可以其乐融融，但是很少有人鼓励我们把不同工作的不同乐趣一一挑出来，再分门别类地进行分析。我们只是笼统地认为，做飞行员、开酒店、当兽医、制作电视节目一定会是很棒的职业，但是我们很少刨根问底，去寻找这些职业的真正乐趣所在。我们深知，哪怕是最好的工作也不可能一直乐趣无穷，很多时候，无聊与沮丧同样会让我们扫兴。但是，任何一份工作，只要足以吸引我们，那么其中一定会有一些具体的瞬间会让我们心存感激，让我们欢欣鼓舞，而且一定和我们的核心个性非常吻合。

剖析工作，以探寻工作之乐趣，或了解我们对于不同的工作是否感兴趣，对于我们来说都是不同寻常的。我们对于人们所从事的工作了解得很多，但是从理论上而言，具体职业的乐趣何在，我们不甚了了。正是由于很多人都保持缄默，我们难以确定自己的工作品位如何才能得到最好的满足。

我们需要开始了解自己最容易接受哪种乐趣，然后根据可能的快乐之源，对就业市场进行一番筛选。但是，哪怕工作非常具体，其可能带来的愉悦之处也可能被归在某种非常笼统的类别之下。只有当我们不再把目光聚焦于工资或技术要求等外在需求之后，才能够把任何一种工作视为与众不同的快乐集合体。

由于相关词汇的匮乏，要准确说出工作之乐趣其实困难重重。但是，现在我们准备草拟一份职业乐趣表。我想我们至少可以列出 12 种乐趣。在人们泛泛而谈，陈述自己热爱的工作时，有了这 12 种乐趣，我们就可以解释为什么热爱某种工作了。

没有一种工作能集这 12 种乐趣于一体。另外，这 12 种乐趣也并非同等重要。因此，要了解一个人适合什么样的工作，首先要看这个人希望从工作中获得什么样的乐趣。在我们浏览职业乐趣表时，我们就会意识到，其中的某些乐趣相对于其他乐趣而言，更能吸引我们的眼球。接着，我们就可以根据个人喜好对其重新进行排列组合。我们的品位或许也会让我们大吃一惊。意想不到的主题或许会出现，优先等级或许也会随之发生变化。在我们对不同乐趣的反应进行把脉之后，我们就有了实实在在的素材，可以有朝一日就我们可能热爱的工作画出一个属于自己的模板。

以下就是 12 种工作乐趣。

赚钱的乐趣

你 9 岁的时候为一个小摊点做了些饼干，卖了出去，赚了点钱，你很开心。你开心并非真的因为你赚到了钱，而是因为激动，因为你看到人们真心喜欢你做的东西，并且乐意为此付出一种毋庸置疑有价值的东西（钱）来证实这一点。下一回，你就会在饼干上加一层五彩缤纷的糖霜。有的颜色人见人爱，有的颜色无人问津。你兴高采烈地看着这一切，把人们对于颜色的喜好默默记在了心里，这让你信心倍增。

猜对人们需要什么会让你激动万分。当然，这绝不是天马行空、胡乱猜测。你时时刻刻观察着他们无意之中流露出的小信号。信号虽小，但是颇能说明问题。你爱钱，因为钱可以从很多方面带给你心理上的成就感：先于竞争对手猜对了客户的需求。

你游走于世界，心想需要改变之处何其多啊！行走于街头，你也许会想："那个建于 20 世纪初的建筑真的有碍观瞻。夷平后重建一个砖结构建筑的街区，那该有多养眼啊！"你看到有一堆硬纸箱等着回收，心想："这些东西还能做什么用呢？"你觉得每一种低效的工作或许都可以催生一个全新的行业。

在你看来，钱的特殊吸引力就在于它认可了你的洞察力和其他能力。今年的利润超过了去年，你很开心，因为这是对你在过去几个月里做出的大大小小决定的一种肯定，这是对你的正确判断的最清晰证明。

或许别人看不到这一点，但是对你而言，赚钱可以给你带来精神愉悦。你对客户需求的了解超过了客户对自己的了解，这让你很开心。其他人还没有意识到问题的存在，而你已经找到了解决办法，这也会让你很开心。

你喜欢这样一种观点，即赚钱是和一系列脚踏实地的美德息息相关的：理解、勤劳、高效、自律、精明。

你深知有点钱是颇有好处的，在机场可以走快速通道，在朋友的展会上有本钱购买艺术品，这些不都是很愉快的事情吗？但是你自己心里很清楚，这并不是工作本身的快乐所在——这是工作的结果。你之所以热爱你的工作，是因为工作是一个你用自己的洞察力解决世间问题并由此带来收益的过程。

美的乐趣

你喜欢桌面被布置得整整齐齐的：雅致的水杯与精美的刀叉、淡雅的陶盘相得益彰。烛台摆得不够端正，你也会迫使自己把它摆正。

在孩提时代，你有一块很喜爱的手表，因为表带的颜色着实令你喜欢：深绿色的表带上点缀着红色的正方形，一直延伸到表带中间。你喜欢把生日礼物包得整整齐齐的送给父母，边角折叠得不够整齐都会令你心存不安。你总是希望用最少的胶带（3 条小胶带），当然这并不是因为你担心礼物会掉出来，而是因为你喜欢极简即最美那种感觉，虽然当时你可能还说不出“极简即最美”这个概念。你羡慕朋友的自行车，因为车轮的尺寸略微与众不同，但与朋友很配。你喜欢看那些足球踢得很好的男孩子，他们不同的运球风格也会让你着迷：有的始终把足球带在脚边，步子又快又小，令人惊心动魄；有的则喜欢远距离带球，轻快地奔跑，在射门时身体会向后仰。

上学那会儿，你喜欢在论文标题下方小心翼翼地画一道线：有一年你试着画波浪线，别的时候你会用上尺子。线条的宽度也会让你心驰神往。有时候你花了大把大把的时间就为了选一个合适的题目，最后连写论文的时间都没有了。

你发现有的时候两幢建筑并不搭，破坏了街景，此时你希望有人能够多用点心。有时你发现十字路口安排得不妥，你希望可以坐上时光穿梭机去解决这个问题。

你喜欢冬日的景象：褐色的、犁过的田野一眼望不到头，边上是一排灰色的、光秃秃的树木，一直延伸到地平线。

你注意到有一本德国历史书内页的字体很美，你很喜欢。

你喜欢某部电影，可能是因为电影里有一组可爱的房间内景的镜头（你关注的是房间的形状、家具的摆设和门把手的弧形）。正因为如此，即便情节乱七八糟、对白枯燥乏味，你也不以为意了。

你发现，如果酒店客房特别合你的意，你会比任何伙伴都激动。

创造的乐趣

你 7 岁时，地板上摆满了乐高玩具。这是你最开心的时刻之一，因为你可以随心所欲地用这些东西拼出你心里认为最美的所有东西。那种潜在的可能让你心驰神往。你喜欢剪切硬纸箱，而面包刀的锯齿形刀刃再理想不过。你还记得洗衣机送来的时候你特别开心，因为包装箱那么大，你都可以住在里面了。你在纸箱上开了一个窗户，把毯子、枕头和一块牛奶巧克力统统装了进去。有时你希望自己最喜爱的歌曲能有那么一点点不同：特别美的那一小段要重复一下；结尾部分应该用降调，不能用升调。尽管歌曲本身已经很美了，但你就是想再折腾一下。孩提时代，你在晚上入睡前常常会突发奇想，希望发生在故事里你最喜欢的人物身上的故事会有所不同：如果他们没有错过火车，会怎么样呢？或许他们会开启一整串完全不同但妙趣横生的冒险历程吧？在你的性幻想中，你一直在告诉自己主角们更广阔的人生故事：他们上班时的着装，他们公寓的样子，他们上网订购皮鞭时的心理活动……有时你甚至会发现你不再思考性的问题了。

你喜欢别人让你想象与评估未来：我们应该进入美国市场吗？制作名片有意义吗？我们应该和土耳其公司打交道吗？你很容易就会对这些问题进行思考和演练。有时，你甚至会想象理想的教育体制或完美的城市应该是什么样子。

你喜欢思考在讲座中使用什么图片效果最好，你总是希望能够想出更好的传递信息的办法。有一回，你突然想到可以用河水快淹到耳边的河马的照片，来向同事说明某个问题的紧迫性。

人们认为你纯粹是为了新颖而喜欢新颖，但他们大错大错。你喜欢更好的解决方案，你知道它们经常存在于你意想不到的地方，而你就喜欢想方设法找到这些解决方案。

理解的乐趣

过去，你常常会用一些现在看来无厘头的问题来烦你的父母：为什么“鸟”叫“鸟”（birds），不叫另一种完全不同的东西，比如“lotheropsicals”呢？如果把毛全剃光了，小猩猩看起来会是什么样子呢？外星人会有时间观念吗？你希望凡事都有合情合理的解释。

你意识到原来爸爸也不知道为什么电吹风要插上插头后才会运转，对此你颇为震惊。为什么墙里有种东西能够让小电扇转起来呢？

你 11 岁的时候，有一回一个小伙伴说她忌妒她姐姐。你发现原来可以用这个想法来解释为什么一个人老是会生另一个人的气。对此，你觉得简直太奇妙了。

你喜欢把自己的想法写在纸上。这样你的思路会更清晰，焦虑感也会有所缓解。有些人喜欢用喝酒或是慢跑来放松自己。你喜欢反思。

上学的时候，数学老师说不出为什么某种解题方法行得通，只说你只要知道这种解题方法行得通就好，你觉得自己上当受骗了。

有一则新闻报道你很喜欢，因为这个新闻报道挖掘出了背后的原因，解释了为什么能够达成妥协，为什么其中一个政党的房产政策发生了 180 度的转变。它不再是一个谜了（你不喜欢那种总爱让人猜谜的人），整件事情也不难理解了。

你经常感觉有些人就喜欢半拉子工程：他们不懂得如何做出合情合理的解释，他们缺乏好奇心，对于就人们的行为做出种种可能的解释并不感兴趣。

你喜欢这样一种感觉：一大堆看似相互矛盾的事实能

够找到一种内在的、合理的解释。总有一种潜在的，也是更加简单、更为清晰的规律等着我们去发现。

自我表达的乐趣

在孩提时代，当成年人征求你的意见时，你会很开心。有时你会觉得很沮丧，因为你真的希望对某件事情有自己的观点，但是你偏偏不知道自己的观点是什么。

你在学校里参加戏剧表演时，喜欢那种可以通过一个角色实现自我拓展的感觉。

没人听你讲话时，你会很沮丧，你希望他们集中注意力。

有的人认为你是自恋狂，但是他们错了，你只是想把自己喜爱的东西与人分享而已。这不是自大，而是大度。

你完成了一项工作，但是高管在会后把你叫到了一边，告诉你要低调一些，因为你所考虑的问题和当务之急毫无关系。将来你会明白他是为你好，但是当时你真的很沮丧。

有时你会觉得反馈表都不够你写。

有人对你提出很好的问题时，你会很开心。

有时，你的心中会闪过一个念头：你想写一本自传。

你喜欢接受采访，但又经常觉得观看采访节目对你来说是一种极大的折磨。你想大声呐喊：说重点，说点实在的！

你做了一件事之后，希望人人都明白那是你做的。

做事的时候你喜欢将个性融入其中，比如制作椅子、打理花园、制定政府政策——这种想法很奇妙，也很有诱惑力。

当你觉得自己“触及他人的灵魂”时，那种感觉特别好。

科技的乐趣

小时候，姑姑给了你一套螺丝刀，按大小排列得整整齐齐的。你几乎从来没有用过这套螺丝刀，但是你知道每一把螺丝刀都是为专门的用途而设计的。一想到这里，你就特别开心。厨房柜门的铰链出了问题，妈妈问道：“你的那套小螺丝刀在哪儿啊？”此时你就会特别开心，你发现有一把螺丝刀特别合适（就是那把 3 毫米飞利浦头的）。

大约 6 岁的时候，你不再认为汽车是理所当然的东西了，你开始把它当成机器来看。奇妙的是，这些金属盒子装满了各种各样特别的仪表盘、小屏幕以及和家里不同的窗户。只消轻轻一摁，车窗马上就会打开。如果打不开，那一定是被妈妈锁定了。你对排气管和散热阀都很着迷，因为它们能够理解这台机器各种奇怪的需求。

你很喜欢这样一种理念，即在用技术满足人类需求这一伟大事业方面，人类才刚刚起步。你喜欢想象 2180 年我们会达到哪种境界。

在你看来，科技不仅仅是机器与信息处理。铅笔对你而言也是一种科技模型：就其功能而言，简单、直观、强劲、完美（你心里偷偷热爱着卷笔刀，有时你不是为了卷笔而卷笔，只是想体验一下使用这种小而完美的玩意儿的感觉，看一看一触即碎的小木卷儿从卷笔刀里冒出来）。在你的眼里，袜子就是可以穿在脚上的一种科技。

有人把未来和飞行器联系在了一起。想想你就来气，你心目中的未来比那有趣多了。

你喜欢问自己这样一个问题：这个问题的本质是什么？是否有成本更低、更容易的解决方案？

帮助他人的乐趣

小时候，你喜欢大人们允许你共同参与。你的姐姐讨厌父母让她把碗装进洗碗机里，但是你喜欢，因为你觉得自己也出了一份力。你喜欢这种感觉：你搭了把手之后，爸爸妈妈解放了出来，可以去煮煮饭，或者给管道维修工人打电话。

在角色扮演类游戏中，你最喜欢的是营救行动。有人眼看就要被食人鱼吃了，在这千钧一发之际，是你把他拉上了木筏——虽然其实那只是一个沙发。

你喜欢朋友们向你诉说自己的烦恼。你不知道自己能做些什么，但是你喜欢试着去安慰他们。有时你出于好心说了两句，却不被朋友们接受，你会觉得很沮丧。

你觉得自己做的事情是有意义的，因为它会改变其他人的生活。有时，你会给人们带去快乐，有时你会帮助他们解决问题。听到这类评价你会很开心。你喜欢看到自己的所作所为能够改变人们的生活。

你爸爸有时觉得自己把车钥匙弄丢了，非常紧张。而你却很开心，因为这个时候你又派上了用场。你请他先冷静下来，然后说：“想一想，昨天晚上您回家的时候都做了哪些事情。”于是他在浴室里找到了钥匙。

领导的乐趣

你喜欢的不是当领导，而是具有领导力。你很早就注意到了两者的区别。在学校的时候，很多人喜欢别人选自己当队长，但是他们不喜欢担当，只喜欢队长的地位。你所需要的是一个可以把你的想法付诸实践的工作、角色和机会。

你喜欢别人求助于你，咨询你的意见。你不会想到什么就说什么。你想解决他们的问题。你希望他们能够信任你的判断。

你喜欢通过自己的努力走上领导岗位，你不喜欢别人凭空赋予你领导的地位。

你喜欢听那些通过卓尔不凡的贡献走向成功的领导人的故事。你 14 岁的时候读到了一个将军的故事：将军向敌军投降纯粹是为了拯救整个军队的性命。这支军队没有赢得战役，但是你觉得这位将军是一个真正的领导者。

在其他人手忙脚乱、不知所措的时候，你反倒更能集中注意力。你喜欢自己身上的这种品质。

当你听到有人说如果有可能会尽量逃避责任时，你的第一反应就是讨厌他们。

小时候，一想到“名声”，你就会激动不已。但是，现在你已经不为名声所动了。名声只不过是你有所作为之后的一种不幸的副产品而已。

教学的乐趣

有人犯了错误，你就想纠正他们。

在你 7 岁的时候，你有一位很有爱心的老师。她知道你听得很认真，也很努力地在尝试，尽管你没有做对。

你喜欢那种能够用你的知识武装他人的感觉，你会把他们的不知所措和沮丧化为精通与自信。

你知道在授“课”时你得小心；人们不喜欢好为人师的人，但是你所做的只不过是弥补他人知识上的不足。

独立的乐趣

第一次独立驾驶的时候，你根本就停不下来。

你喜欢在别人还没到场的时候就早早起步，这样你就能在安静祥和之中做自己爱做的事情。

对你而言，所谓的成长就是远离那些能够控制你的人。

你喜欢独处。无聊很少会让你感到烦恼。

你一碰到导游和旅行团就躲得远远的。

有一个人辞去银行的工作后，成立了一家公司，专门从西非进口牛油果。看到这个故事之后，你激动不已。

无论是一本书还是一件艺术作品，对于它们有什么样的优点，你真的很喜欢形成自己独立的看法，尽管别人可能会认为你很奇葩。

有时，有人说你没有团队合作精神。这种批评其实也有一定的道理。

夜里独处对你而言从来不是问题，反倒让你觉得可以借机规划和思考。而有些人只想闲聊，这让你备感厌烦。

秩序的乐趣

你在完成作业时，真的很喜欢书写工整、清楚；写错的时候，你会小心翼翼地擦掉铅笔的痕迹，直到看不见擦痕为止。在用钢笔书写时，你很不喜欢出错，你会试着用超级小的字条粘在错字上方，以此保持整体的整洁。

刀具柜让你着迷。刀具柜里的每一样东西都各就其位，你特别喜欢那种感觉。你的妹妹才不管呢，她随手就把汤匙放到了叉子的位置上，你不喜欢妹妹这么做。

虽然你理科并不好，但是你觉得元素周期表出奇地有吸引力。你喜欢每样东西各就其位的感觉，这样纷繁复杂的世界就被简化成了若干个部分，那种感觉真好。这一点会引起你的共鸣，虽然老师在解释周期表细节的时候，你其实正看着窗外。

你讨厌人们以一种不屑一顾的态度对待归档。

你会根据色谱对彩色铅笔进行排序，虽然这么做的过程中总会有各种各样的问题。比如，黄色是应该渐变到白色，还是浅绿色（通过绿黄色过渡）？

你不喜欢人们在讲故事的时候扯东扯西（“噢，我忘了提……”）。

自然的乐趣

现如今有很多窗户是打不开的，对此你无法忍受。

8 岁的时候，你可以趴在地上，仔细观察穿山甲或蜗牛，真的是其乐无穷。你认为它会是你的朋友。你喜欢想象它的生活。你心想，它的生活一定也和人类的生活一样多姿多彩。

你喜欢露营，尤其是在天气并不完美的时候。在暴风雨来临之际搭起帐篷，不是一件既有趣又有挑战性的事情吗？

你和家人一起在乡间散步，正在此时，下起雨来了。每个人都在抱怨，而你却很喜欢。你把防风衣的帽子拉了起来，“我就喜欢雨水拍打鼻子的感觉”。

在看大卫·爱登堡（David Attenborough）[1] 的纪录片时，你的感觉是复杂的。一方面，你觉得这些纪录片很有趣，但是你不喜欢坐在沙发上，在腿上搁一盘炸鱼条看这些纪录片。你希望亲临其境，在雨季时前往非洲坦桑尼亚东北部塞伦盖蒂平原的沼泽地，或者在厄瓜多尔的加拉帕戈斯群岛上攀岩。你根本不担心沼泽会漫过你的膝盖，或担心手指会严重受伤。

我们所有人在辨别这些乐趣时，并不会给予它们同样

[1] 人称“世界自然纪录片之父”。——译注

的权重。有些能够脱颖而出，来到优先级名单的前列。在阅读这些乐趣的过程中，我们会发现自己的兴趣点，知道这些兴趣点是我们在工作生涯中要寻找机会着力发展的。在和他人谈论他们的工作时，这些都是我们想深入了解的话题。在阅读他人关于其职业的介绍时，我们会关注他们职业生涯的乐趣所在，也希望顺藤摸瓜，看看它们是否与我们的兴趣点相吻合。我们在寻找那一宝贵的区域，一种我们的天赋和乐趣与世界的需求相吻合的区域——我们希望在这些领域里找到未来的职业。

练习

第 1 步

阅读上述每一个小节，看看你能否找到兴奋点，或者能否找到唤起你记忆的东西。找到你最感兴趣的类别之后，试着从自身的生活经历中去补充一些细节，比如你过去对什么感兴趣，或者什么样的工作能给你带来乐趣，等等。

回想起这些细节可能要花一些时间。一旦你心里明确了注意乐趣点这个总的思路，你可能就会想起 10 岁那年你真正喜欢的某样东西，而这样东西就是上述列表中列出的东西。你或许是在超市里准备埋单的时候想起来的，或者是在等红绿灯的时候才想起来的。了解我们自己心里想的是什么可能需要很长时间，但是找到我们的兴趣所在将使我们受益一生。

第 2 步

一旦你把自己的想法添加到上述列表里之后，上述某些乐趣点可能会特别吸引你的眼球，而对另一些乐趣点，你则有可能完全无感。把这些乐趣写下来，最重要的放在最上方，最不重要的放在最下方。

在最终确定某个工作之前，你必须有所取舍。

在每一种工作中，乐趣的种类与多少都各不相同：某种工作可能会给你带来创造的乐趣，但是领导的乐趣可能就会少一点；可能会让你把很多时间放在理解上，但是较少有机会可以帮助他人。把各种乐趣排个顺序，你就会知道自己最看重什么，这也就是你在未来择业中需要考虑的。如果有必要的话，你甚至会牺牲其他乐趣。

第 3 步

在思考哪种工作能够给我们带来成就感之前，了解我们的快乐所在是一个关键的因素。但是，乐趣本身并不会指向某个特定的工种。它们所起的作用是为我们提供一种很好的方式，让我们审视一下我们可能会考虑的某个特定工种是否具有可持续性。

你可以选择任何一个时间点在你脑海里闪过的任何一种工作，那都可能是你有兴趣从事的工作，哪怕此前你根本没有认真思考过它。考虑一下这种工作能在多大程度上为你提供最大的乐趣——那种对你来说最为重要的乐趣。

哪怕在对照之后你发现这个工作其实和你的乐趣并不匹配，你至少也增长了知识，这也是难能可贵的。你也会很清楚地意识到为什么这份工作不适合你。把你粗略考虑过的所有工作都算在内，重复一下上述练习。快速浏览一下报纸背面的职位招聘专栏。我们的目的在于试着去评估潜在工作的乐趣所在。

练习

作为一种拓宽自身思路、帮助自己获取更多细节的方式，和其他人一起谈论这些乐趣之所在非常管用。我们在向他人讲述自己的喜恶时，脑海中会涌现出一大堆信息，进而会对自己的热情所在有一个更加清晰、深入的认识。所以，现在要做的就是带上乐趣清单，约上一个朋友，和朋友一起过一遍清单，把你自己的所有想法都告诉朋友。和朋友讨论工作的乐趣是一种上佳之选，而这并非偶然。朋友们也会因此对你有全新的、更深入的了解。最理想的状态是有时朋友也会和你聊聊他们的清单。

二　走出痴迷

我们在考虑职业时，比较容易出现的一个问题是，出于这样或那样的理由，我们可能会痴迷于某一种工作，而最终却发现那并不是一个前途无量的工作，而是一个不切实际的选择。原因可能是那种工作极其难找，也可能准备时间过长，需要经年累月才能达到要求，或是那种工作所在的行业已经日薄西山，从长远来看前景渺茫。

我们在此之所以称其为“痴迷”，而不是单纯地称其为“有兴趣”，是为了表示如果我们把过多的注意力倾注其中是有问题的，因为我们可能一心认为只有从事这种职业，我们才有未来，而且非这种职业不可。而与此同时，我们在将其变为现实时却遇到了巨大的困难。

比如，我们可能痴迷于文学出版，但是发现职位并不多，而且薪酬可能不足以支付通勤距离内房子的房租。我们可能对严肃的深度报道感兴趣，虽然其经济基础已经从根本上遭到侵蚀。我们可能一心想从政，尽管实现大变革的希望其实非常渺茫。我们可能想进军电影业，但是电影业的竞争非常激烈，成功的机会很小，而且有很大的不确定性。

要走出这种痴迷，就需要透彻地了解我们真正感兴趣的是什么。我们对自己所在意的东西了解得越透彻，就越可能发现自己的兴趣及与其相关的乐趣之所在，然后我们就不会把目光局限于娱乐业，而会考虑其他职业。正是因为我们不知道自己真正追求的是什么，我们对于就业市场的了解也是人云亦云、只看表面，我们才被逼进了死胡同，只剩下为数不多的选择，失去了保障。

痴迷不仅存在于择业中。在恋爱中，也会出现这种一厢情愿的现象：有时我们会痴迷于某一个我们深爱或仰慕的人，我们一直围着他转，就是停不下来。而不幸的是，有时候他就是对我们不感兴趣，我们在他身边时甚至会遭受不公正的待遇，或者缺乏应有的信任。尽管受尽虐待，我们还是会自我安慰，或者安慰关心我们的人：我们只是无法想象一种没有他的生活，他就是那么特别（或许他只是在某种心境下出奇地幽默，或者只是乐器弹得特别好，或者只是有一种让我们心醉的无可奈何的忧郁）。

我们从这种痴迷中解脱出来的办法，不是告诉自己我们不喜欢这个人，或者试着去忘记我们其实被他们深深吸引。相反地，我们需要严肃地对待这个问题，要把他们为什么对我们有那么大的吸引力弄个水落石出，然后看一看其他人身上是否也有这种我们仰慕的品质。不同于那些痴迷对象的是，这些人有可能和我们喜结良缘、白头偕老。我们在认真了解了我们所爱的究竟是什么之后，就会明白——尽管有点似非而是，但也是一种解脱——事实上我们完全有能力爱上其他人。

理解我们所喜欢的东西，理解什么会给我们带来快乐，是走出痴迷的核心举措。通过强化对这些品质的仰慕，我们就会削弱对某个具体的人或工作的痴迷。当我们对为什么会向往某种工作有了正确的理解之后，就会发现不同的工作之中也存在着类似的品质。我们真正热爱的并不是某个特别的工作，而是因为最初我们在那份工作中找到了一系列品质，而通常这份工作是这些品质最显而易见的典范。

而问题恰恰出在这里：过于显眼的工作往往会吸引过多的注意力，会有过多的人向往，而单个职位所能提供的薪水少得可怜。然而事实上，这些品质并非只存在于那一种工作中。它们一般是普适性的，一旦我们了解了其实质，我们也会在另外一些不是特别明显的表象之下找到这种品质。

想象一下，某些人一心只想成为一名记者。“记者”这个词成了他们趋之若鹜的一种标签，其下涵盖了他们觉得自己想要的所有东西。从年少的时候开始，那种工作就意味着风光和刺激、激情与活力。他们早已习惯于父亲或其他叔叔阿姨称自己是未来的记者。在他们 12 岁的时候，他们就开始这么叫了。但是，这个行业现在处于穷途末路之中，而且遗憾的是，太多人趋之若鹜。因此你会觉得路被挡住了，焦虑油然而生。

我们的建议是，你应该暂停这种毫无成效的求职方式和无薪实习，然后问一问自己，你对新闻职业本能的亢奋到底源自何处？新闻职业的真正魅力何在？你希望从新闻工作中获得什么样的乐趣？这些乐趣是否存在于其他工作之中？是否存在于条件更好的工作之中？

在这一点上，我们很容易天然地头脑模糊。我们往往不过是喜欢某种工作的名头而已。但是，如果我们进行乐趣分析的话，就仿佛揭开了一个盖子，可以对这份工作可能带给我们的种种乐趣做一番审视。一旦我们开始认真审视新闻工作，就会发现它会给我们带来如下一些乐趣：有能力探讨严肃的政治和社会议题，有能力分析政策，可以以一种优雅的风格写作，可以因自己的批评能力而受到他人的尊重。

一旦这些因素变得清晰之后，我们就会明白，它们一定不会是这个我们称为新闻业的行业所独有的。那种品质的组合不可能仅仅存在于报刊之中，而且也不仅仅是报刊所需要的。事实上，它绝非某个行业所独有。这些品质能够且确实存在于其他很多行业之中。比如说，金融投资公司可能也很需要新兴市场的分析能力，需要向客户解释新兴市场潜力及潜在弱点的能力。大学可能需要分析和理解竞争环境变化的能力，而且要有能力用一种清晰且有说服力的方式向员工解释这种变化。石油公司可能需要专人分析其未来的招聘需求，并将其转达给世界各地的人力资源团队。这些行业并不存在于新闻业这个名头之下，但是它们也有需求，也有相关的机会，它们也会给你带来一模一样的乐趣，而这些乐趣最初看来只是和新闻业联系在一起。

调查表明，我们所追求的快乐比我们最初想象的快乐更具流动性，我们并非只有从传媒的世界里才能获得这种乐趣。在其他大相径庭的经济领域中，这些乐趣更容易获得，更加安全，经济回报率也更高。

做这样一种练习，目的并不在于放弃我们自己真正想要的东西。这种解脱性的举措是为了让我们看到，我们所需要的东西其实存在于我们所看到的领域之外。

我们也可以用同样的方法对教学进行分析。教书不一定要在小学或是中学里进行，你可以是航空大企业的培训师（你要对新员工进行产业本质方面的培训），或是某个财富管理公司的培训师（你要教经理人如何应对棘手的客户）。或者，一心想从政的人可能会认识到他们所寻找的乐趣（影响社会成果）在旅游委员会或是石油勘探公司里更容易找到（而且回报更高，影响力也更深远）。只是当我们还不是很了解自己真正需要什么的时候，才会有一种退而求其次的感觉。乐趣分析法给我们带来的令人惊讶也使人如释重负的一面是：它所揭示的不是某个特定的行业，这个特定的行业并非找到热爱的工作的关键。只要理解正确，我们就会幸运地发现，乐趣是无处不在的，它可以在我们一开始意想不到的许多地方出现。认真了解我们的所爱可以将我们解脱出来，让我们的爱变得更加广阔。

练习

第 1 步

根据我们的经验，走出痴迷的最好办法就是去爱。你还记得几年前你所痴迷的那个人吗？不是目前这位，是几年前的那位。他身上有什么吸引了你？列个清单出来。你可能会觉得他很安静，但是他会亲密地和你交谈。你或许也喜欢他的笑声，或是他棕色的头发。请把这些细节概括为三大类。

比如：

· 甜美

· 羞涩

· 幽默

· 头发

现在思考一下，你是否也在其他人身上发现了这些品质呢？

现在你已经把过去抛在了脑后，你知道可以在其他人身上找到这些品质。我们从爱中吸取的教训可以运用于我们的工作：你可能痴迷于某个领域的工作，但是你所追求的未必是这种具体的东西。你在其他地方也可以找到同样的满足感和兴奋感。

第 2 步

写下你想从事的某一种或某几种工作（但是要进入这种工作领域可能会有一定的困难）：

· 新闻、建筑、政治……

在你的想象当中，你觉得这些工作有哪些地方特别吸引你？想象一下，在最佳状态下从事这种工作会是一种什么样的感觉？最巅峰的时刻是什么样的？

比如：

· 达成交易

· 去香港

· 去片场

· 团队会议

· 现场访问

将上述内容进一步进行归纳，就可以总结出这份工作可能给我们带来的乐趣的大致特点：

· 谈判

· 出差

· 成为焦点

· 承担责任

· 影响某地的外观

想象一下在工作中如何去参与这些有趣的活动。为每一个潜在的主题列一个清单，在清单里的其他三个地方同样可以参与这些活动。

第 3 步

在申请一个职位时，我们必须首先符合该职位的描述。职位描述通常包括必要的资格、特质、经验、团队精神等。

在练习时，可以转换一下情景：根据上述工作可能带给你的基本乐趣，撰写一份最适合你的理想的招聘启事。那种可以让你发挥所有的才华，并把你认为重要的宗旨涵盖于其中的工作看起来会是什么样的呢？本练习的目的在于把你认为你热爱的一切汇总在一起。在暂时不必考虑是否现实的情况下，不妨设想一下，描述了理想的求职者（你自己）和需要从事的所有工作的（你理想中的）招聘启事会是什么样的？

比如：

我们要找这样一个人：

· 喜欢布置周围的环境

· 看到大型项目就激动万分

· 喜欢思考各种关系以及如何才能使它们良好地运作

· 愿意承担未来 10 年以上的责任

· 希望在一个睿智的团队里工作

通过你的工作，你将：

· 制作可供数百万人下载的应用

· 设计产品外观

· 参与收购其他公司

· 吃大餐，到机场有人接送等

三　输出 / 输入的困惑

确定我们可能喜欢的工作的一种极常见方式，是把目光锁定在我们喜欢消费的那些产品所在的行业上。我们喜欢他们输出的产品，所以就会从职业的角度参与到他们的输入过程。

这意味着我们很可能会把整个经济领域直接划掉，因为绝大部分经济领域看似和我们喜欢消费的东西没有任何关联。如果我具有视觉创意能力，我很可能会对在水泥厂工作嗤之以鼻。如果我喜欢大自然，我很可能会觉得能源产业不适合我。如果我热爱自我表达，我很可能不会认为金融行业是我能找到理想工作的显而易见的领域。由于我们把行业与其明显的输出联系了起来，我们很快就会得出这样一种结论：全部经济领域里几乎都没有我们的容身之地。

当然，如果不从我们对其输出的感觉的角度出发，而从我们的兴趣与其输入吻合的角度出发，我们就会大受裨益。这些输入在我们最初不耐烦的一瞥之下似乎并非显而易见，它们与输出大相径庭，而输出决定了企业的外显特点。因此，当我们考虑一个特定的行业时，我们要比平时更认真地思考以下问题：生产该公司的产品与服务需要什么样的条件？该公司的员工在现实生活中需要做出怎样的努力，最终才会有那些显而易见的输出？我们不必大张旗鼓、广泛收集信息才能明白个中道理。只需要想象一下、大致猜测一下，我们就会明白，其实企业做的很多事情与最终输出并无多少直接的相似之处。

从远处看，航运业好像与我们的兴趣完全没有丝毫联系。毕竟，我们讨厌大海，看着港口里停放着的大型集装箱船，我们完全无动于衷。但是，从输入的角度来看，航运业需要许多与明显的输出似乎毫不相关的技能与专长。航运业需要的能力包括：促进长期项目的国际合作，用通俗且人人可接受的方式解释所达成的交易。同时，从事航运业也要勇于接受巨大的挑战，在前途未卜时必须做出重大决定。在幕后还涉及复杂的法律与政治谈判。还要把浩如烟海的数据变成一目了然的表格，分清每个人的职责。要安排人员做广告，还要对广告的效果进行评估。要组织好会议，还要做好会议的后勤保障工作。还有大量的内部沟通工作要做。换言之，工作的领域纷繁复杂，远非把船只派到苏伊士运河那么简单。所以，事实上，我们可能对航运业（输出）并不是特别感兴趣，但是我们不能把这当成一种信号，不能认定这一行业是个错误的领域，我们在这一行当中找不到可能的事业。

或者，我们还可以想象一下，有的人会自动过滤新闻工作，因为他们第一眼看过去，就认定新闻主要是写作，是对时事进行分析。但是，如果我们能够认真思考一番的话，就会开始意识到，与显性输出相关的还有一大堆其他输入。传媒公司很注重成本控制问题，对细致的资源整合需求很高。是否了解消费者的需求和兴趣也是传媒企业能否取得成功的关键因素。发展新的商业模式也是至关重要的。所以，哪怕你个人对撰写时事报道毫无兴趣，新闻工作也能带来种种乐趣，而你对这种乐趣——组织能力、简化复杂的流程、时间管理、教与学——或许也抱有浓厚的兴趣。你一时半会可能想不到新闻工作还能给你带来这样的乐趣，因为它们与这个产业的输出图景并不相符。但是，一旦开始认真思考其所需要的一系列输入，我们就会发现它们是至关重要的。

航运业、新闻工作是如此，还有其他许许多多行业也是如此，其输入和我们一开始与该行业联系起来的很多东西都大相径庭。我们不要去问输出是不是我们所喜爱的，我们需要问的是，我们的乐趣是否会融入该行业的输入中去。这一举动似乎微不足道，但它具有一种宏大的解放力量，可以扩展我们的视野，让我们看清在哪里能找到自己最好的机会。

练习

思考一下：形形色色的工作幕后是一幅怎样的图景？这些工作可以给我们带来什么样的真正乐

趣？所以，仔细观察一下一系列工作的输入和输出分别是什么是很有好处的。

第 1 步

列出一些你觉得具有以下特点的工作或行业。想到什么就列什么，不需要深思熟虑。

a. 相当有吸引力

b. 没有吸引力

c. 漠不关心——有一些领域你从来没有认真地考虑过

第 2 步

对于每一种类型的工作：

· 描述其输出：主要的产品与服务有哪些？

· 考虑一下这些工作的输入有哪些，尽可能从细节上思考一下：生产这些产品和服务，在幕后需要进行哪些工作?

第 3 步

使用你的乐趣列表（详见第三章“工作之乐趣”的练习部分），将其与输入侧的描述进行对比。你的乐趣点会在哪些地方出现?

第 4 步

现在你已经思考过这个问题了，重新看一下最初列出的相当有吸引力、没有吸引力和漠不关心的工作或行业列表。你的态度上有哪些变化呢?

练习：奇怪但激动人心的工作

第 1 步

列出 5 种你想从事的工作。再列出 15 种你想从事的工作，包括你的理想职业，或者某种让你心驰神往的工作——一些听起来可能很美好或有趣的工作。是否切合实际并不重要。

第 2 步

审视一下较长也更具想象力的 15 种工作的清单。这些工作有哪些吸引你的地方？这些可能不是你最终追求的职业，如图书管理员、单人喜剧表演者、游戏节目主持人、果园工作者、管家或是在联合国任职。但是，你之所以能够想到这些工作，是因为它们代表着某种会让你兴奋不已的东西。

考虑一下那些奇怪但又激动人心的工作符合你的哪一种遐想。我们并不是真正想寻找工作，只是在寻找自己的兴趣所在。我们一旦知道了自己的兴趣所在，同样的乐趣就会在更传统的工作领域中出现。

四　工作为何物

我们一旦掌握了自己的兴趣所在，且形成了理想搭档的观念之后，就会看到一个问题，这个问题环绕在我们所了解的不同种类工作的周围。我们通常并非真正知道身处某个具体职业或行业到底是什么样的。

当然，我们稍微搜寻之后就能了解很多信息：养老待遇如何？餐厅伙食怎么样、价格如何？经常出差吗？工作之余人们是否会去喝酒？晋升的可能性有多大？行业的平均工资是多少？新兴的公司有哪些？我们很有必要了解这些信息。但是，这些事情和乐趣点所带来的问题并不相关。它们很少涉及那种至关重要但又很少被问及的问题：从事这个工作或这项职业的真实情况会是什么样呢？

我们想弄明白做一个木匠、部长、新航线飞行员、某设计品牌的法律顾问究竟是什么感觉。我们探讨了什么样的东西会给我们带来乐趣，但是这些乐趣点本身并不会非常清晰地指向任何一种具体的工作。

我们能做的是，看一看我们可能有兴趣从事的工作，然后对其可能给我们带来的、对我们而言至关重要的乐趣进行分析：这些职业在个人自己的乐趣上是如何体现的呢？

练习：想象中的面试

从职位描述、博客和与他人的交谈中，我们可能会对一种工作有所了解。但是，我们所关注的往往并非正确的工作领域。我们并不具备相应的背景知识，无法理智地猜出我们期望的工作会是什么样的，而这对于我们的决定又是具有指导作用的。

第 1 步

想出一种你感兴趣的工作。如果你有望获得完全真实的回答，关于真实的工作体验这个问题，你有什么想问该公司在职员工的呢？

可能的问题清单如下：

· 周一早上你有什么感觉？

· 你最大的焦虑是什么？

· 你有哪些时候感到满意？

· 同事让你感到不满的事情有哪些？

· 工作中你们会进行什么样的交谈？

· 你在工作中崇拜谁？你崇拜他什么？

· 随着时间的推移，你对这份工作的体验有何不同？不同体现在哪些方面？是变好了，还是变坏了？

· 你不上班的时候，比如休假时，你会不会想念自己的工作？你心里会想到什么？

· 你觉得自己适合现在从事的工作吗？表现在哪些方面？正面还是反面？

· 描述一下工作中的成功事例。请具体化……

第 2 步

你或许永远都不会问真实的员工这样的问题。但是，根据你对某种工作的了解，想象一下，如果你是这位员工，那么你对自己所提出的每一个问题会做出怎样的回答呢?

第四章

障碍与顾虑

一　家庭工作模板

哪怕最终我们确定了一种理想的、适合我们的职业，也并不意味着我们的麻烦就此结束了：我们很可能需要克服一系列心理障碍，因为这些障碍阻止了我们向既定目标迈进的步伐。

其中一个最令人望而却步的障碍源自我们的家庭。在人类历史长河中，在大部分时间里，年青一代的职业命运总是自然而然地由上一代人所决定。有当农夫或士兵的父亲，就有当农夫或士兵的孩子；有做裁缝或教师的母亲，就有做裁缝或教师的孩子。选择十分有限，人们一旦偏离既定的发展路线，随之而来的惩罚必将是十分严厉的。在18世纪的普鲁士，法律规定贵族的儿子不得经商。在19世纪的英格兰，一个有声望的父亲是不会让自己的女儿成为一名歌手或是演员的。如果女儿执意这么做，父亲有权将其关进精神病院。从观念上来看，律师的儿子是不可能当搬运工或木匠的。

接着，到了20世纪初，在浪漫主义思想的影响下，社会逐渐从阶级和父母的束缚中解放出来。在两个核心领域，即爱情和工作方面，父母将权力下放给了孩子们，把选择权交到了每一个子女手中。获得解放之后，我们想嫁给谁、想娶谁，都是我们自己的权利，我们也可以自行选择想要从事的职业。

但奇怪的是，这些理论上的自由蒙蔽了我们的双眼，使我们并未察觉到，其实家庭的期待仍然在影响我们，限制我们的职业选择。我们的父母不再有合法的权利来冻结我们的银行户头，或者从身体上限制我们，但是心理操纵的核心工具仍然掌握在他们手中：一旦我们忤逆他们的意愿，他们就会威胁说要收回对我们的爱。爱和武力或法律一样，也可以将我们掌控于股掌之间。

在我们的内心深处，总有一种我们称之为“家庭工作模板”的东西在起作用，它限制了我们甘愿为之献身的工作的类别，也鼓励我们朝着一系列优先目标努力。某种工作是否唾手可得，完全取决于我们的家庭背景。

从最良性的角度出发，家庭工作模板是我们的家庭对职场理解的结果。每个家庭都从事过一系列职业，因为有家庭成员是其中的从业者，久而久之，这些职业就被人格化了，也被放置于一系列家庭成员可以想象的职业范围之内。所以，我们不难想象，如果家里有人是医生，那么从孩提时代起，我们就常常听说病人好笑的习惯、病房里的尔虞我诈、资深医生的怪癖、学医过程的种种苦与乐，等等。人们自然而然地就会认为，等时机成熟之后，他也会决定投身于医疗事业。还有一些家庭是律师世家、会计世家、水手世家、酒店业世家、锁匠世家和屠夫世家。孩子从小听到的都是法庭上的趣闻逸事，或是治病救人的故事；教育的种种好处，或是开餐馆的强烈自豪感；完成一桩大买卖之后自信心爆棚的故事，或是在城市的大街小巷里巡逻的那种荣誉感。在轻松的家庭环境中（此时职业与个人之间的鸿沟最小，一些令人艳羡的职业生涯似乎也唾手可得），由于从小耳濡目染，有些工作相对于其他工作而言，似乎更有可能。初看之下，空中交通管制员这个职业似乎遥不可及。但是，如果这个人是我们的叔叔，而且在我们眼里，其实他就是那个会修整草坪、会和我们开开玩笑的人，那么这种职业就不会可望而不可即了。

很少有人认为跳出家人的阅历去择业是完全错误的、邪恶的或是愚不可及的。但它或许只是我们暂时还想象不到的东西。如果我们的家庭成员中没有一个人从事过与运动、电子或戏剧相关的工作，我们可能会觉得无从入手。我们爱的那些人无法帮助我们在这些领域里取得成功。他们限制了我们并不是因为他们是卑鄙小人，也不是因为他们把我们性格的方方面面研究了个透，然后拒绝接受我们真正的兴趣爱好，而是因为他们自己的阅历非常有限。

尽管如此，在实际操作中有时也会出现一种价值观的博弈。家庭工作模板的出现有可能是父母尊崇和向往的结果，也可能是因为他们自己的害怕和逃避。在许多家庭中，父母们在提到某些职业时会肃然起敬。比如，成为一名伟大的作家，或高等法院法官、校长或公务员。这些往往不是父母们现在所从事的工作，而是他们曾经一度向往但从未实现的理想。

许多人把自己未竟的梦想又传给了自己的孩子，让孩子来完成。通常他们并不会告诉自己的孩子，其实他们是把这些包袱转嫁到了孩子的肩上。但是父母们成功地向子女们传递了一个信息，即追随一条既定路线是获得爱与尊崇的必由之路；当年父母过于胆小而未能成为建筑师，或因为受到阻挠而未能实现梦想、成为企业家，子女们则继承父母的愿望，成为他们曾经梦想中的建筑师和企业家。胆小也罢，受阻也罢，父母一般羞于启齿，但这些雄心壮志一直萦绕在心头，挥之不去。父母看起来并不是具有钢铁般意志的人，但奇妙的是，15 年前对某个特定职业方向投去的羡慕一瞥至今仍影响着我们——反之亦然。

同样，我们也很可能会收到零星的信息，说某些职业配不上我们，与我们在生活中的地位并不相符。现如今，父母们不会设置绝对的障碍。并不是说我们一旦进入物业管理行业或是成了一名音响工程师，他们就从此不再和我们说话了，而是说他们会营造出一种强有力的精神氛围，把某种工作的负面信息清晰无比地传递给我们。明明是社会广为接受的工作，我们的父母却在潜移默化之中向我们传递出了一种不屑之意。他们悄无声息地传递出这样的信息：理智的人是不想成为医生的，会计只是胆小者的职业。他们会暗示，当老师纯粹就是浪费生命，只有毫无节操的人才会从事广告业。他们还在潜移默化中传递着一种观点：所有建筑师都有轻微的精神病，任何利用我们心理的人都是骗子和怪胎。

我们可以感知到父母的愿望和兴奋之处，而这些愿望和兴奋之处也给我们留下了深刻的印象，因为我们爱父母，希望自己能和他们合拍。这是很自然的。但不幸的是，它们很可能会和那种可以给我们带来满足感的工作格格不入。

在《米德尔马契》(*Middlemarch*，初版于 1871—1872 年）一书中，乔治·艾略特（George Eliot）讲述了弗雷德·文西（Fred Vincy）的故事。弗雷德是当地一名成功的制造商的儿子。他深爱着自己的父母，他的父母则坚定地认为他应该成为一名牧师——并不是因为他适合这份工作，而是因为他父亲对牧师推崇有加，他自己最初的愿望也是成为一名牧师。最后，弗雷德成了一名测绘员，这份工作他干得很开心。但是，乔治·艾略特用长达数页的篇幅说明了此举对于弗雷德而言是多么巨大的精神斗争。她描述了弗雷德辜负了父母愿望之后的痛苦心情。弗雷德因此也和姐姐产生了隔阂，姐姐认为弗雷德所从事的工作让自己感到难堪。同时，弗雷德也觉得大学同窗们都认为自己是一个失败者。乔治·艾略特向我们叙述了一个差点就无法从父母的工作模板中挣脱出来的人物的故事。乔治·艾略特深知，我们许多人从来都无法和弗雷德一样，敢于冒着众叛亲离的危险，成就一番事业。对于我们来说，这是不足为奇的：在爱与个人满足感之间，我们往往为了保全与把我们带到这世界上的亲人们的关系，而关上了原本可以打开我们视野的那一扇门。但这又是情有可原的。

现代社会与以往社会的不同之处在于，“何为明智之举”这一信息被悄悄地滤过了。弗雷德·文西的父母本可以开诚布公地和他讨论职业选择的问题，也可以迫使他接受具体的条件。但现在很少有父母会这么做。这和给孩子真正的自由，让他去做自己认为正确的事情是不一样的。因为家庭工作模板只是隐性的，我们可能看不到其对我们所产生的一种强有力的影响。为了还我们自由，我们需要积极地思考很可能会把我们困在其中的家庭期待之网。

我们应该问一问自己，在家庭工作阅历的圈子里究竟有什么，在圈外又有什么——我们还需要考虑，是否出于随意的或是势利的原因，忽略了某种合情合理的选择。我们应该问一问自己，我们的父母有哪些未能实现的梦想，这些梦想现在是否落到了我们的肩上，而这些梦想与我们更深层次的自我是否匹配？我们应该了解一下，我们的父母在内心深处对不同的职业是如何排名的。尽管他们表面上说什么所有工作都是好的（他们当然会这么说），“我们只希望你过得快乐”，但也要特别注意一下他们是否暗示某些工作更有意义，而某些工作并不值得我们去做。

通过这种耐心的探索，我们就会看到家庭对我们的择业还残存着什么样的影响：是某些重要的择业选项被屏蔽了，还是它使我们无法全身心地投入一种我们内心深处认为真正适合我们的工作？

练习：熟悉与陌生

第 1 步

列出一系列你所熟悉的工作或工作类别，即家人或熟人从事的工作。有哪些工作看起来是显而易见的，即你的家人自然而然会从事的工作有哪些?

第 2 步

现在考虑一下家庭集体阅历之外的工作都有哪些（在你成长的过程中，你可能从来没有接触过会计、乡村医生、电视节目主持人、数学老师、人力资源专家或大型制药公司员工）。列出一些完全在家庭常规职业之外，但对你有着极大吸引力的工作。

练习：好与坏

我们遗传的家庭工作模板里包含了一些观点：什么决定了工作的好与坏，是值得尊重还是值得怀疑。每个家庭都有自己的价值体系，哪怕家庭成员对此并没有明说。你所在的家庭对工作持何种价值观？关注于此必将对工作有利。

第1步

在你的印象中，你的父母是否对某些工作持否定态度（哪怕他们并不同意这种说法）？比如，他们对律师或学校教师抱着一种远谈不上正面的态度；尽管没有明说，但言语之间似乎暗示任何一种体力活儿都应该由别人来做，或认为不从事一点创造性工作的人都是可怜的。列出你的家人可能并不看好的工作清单。你家人觉得这些工作究竟不好在哪里？你个人的观点呢？这些不好的工作对你而言是否有吸引力？或者，如果你能对你听到的一切偏见不理不睬的话，它们是否还有吸引力呢？

第 2 步

再列出一份你家人十分看好的工作清单。你家人觉得这些工作好在哪里？你对这类工作的真实想法是什么？这些职业中有哪些不是特别令人满意或吸引人的地方？

练习：趣闻逸事

第 1 步

回顾一下父母谈论工作中酸甜苦辣的方式，是把它当成了茶余饭后的谈资，还是在他们拖着疲惫的身躯回到家中时脱口而出的评价？想一想你父母对工作（他们自己的工作、其他类型的工作，以及所有普通意义上的工作）都有哪些评价和看法，把你所能想到的东西一一列出来。

比如：

· 客户永远都只想要最便宜的东西，不理解什么叫愿景。

· 大公司毁了一切。

· 小公司经常被大公司吃了。

· 教书只有死路一条。

· 在你找到一份工作之前，你首先要做一个一辈子的规划。

· 没有人知道自己应该做什么；我们所有人都是临时发挥，然后希望做到最好。

· 有些人做的事情烂透了，但他们照样过得很好。

· 所有成功均在于行善积德。

· 同事们经常很懒惰、自私、愚蠢。

· 与强者共事是一件好事，这样你才能学到东西。

· 凡事要做就要做到最好，否则不如不做。

· 老板总是只为自己着想。

第 2 步

如果有人请私家侦探调查你以及你所走过或是梦想过的道路，他们是否能发现这些背景假设和观点在你生活中所起的作用？其中是否有一些你特别反感的成分呢？有没有一些观点和看法可能代表你的世界观？在你的世界观中，有哪些成分源自个人的探索与发现，又有哪些是在家庭创设的那种假想环境中耳濡目染而形成的？

二　纠正父母的思想

我们的工作是否步入了正轨，有一个至关重要但又秘而不宣的指标，那就是——我们是否觉得自己比父母做得更好。这并不是说我们卑鄙无耻、冷酷无情，相反，它恰恰说明我们找到了一份称心如意的职业，一份有意义且让我们充满生机与活力的工作。

但是，我们必须弄明白一个问题：何为“做得更好”？从传统上来看，做得更好就意味着赚的钱更多。如果这一代人住得起大房子，花得起钱参加豪华游，就说明这一代人比上一代人过得更好。

但是，除此之外，“做得更好”还有一种更为有趣、更为微妙的阐释方式。做得更好还意味着我们可以通过我们的工作纠正父母的一些心理上的退缩、盲点或是过激。含辛茹苦地将我们抚养成人的父母，在其生活经历中总会有一些缺失。或许是父亲这一辈子享受的快乐并不多。或许父亲年幼的时候就饱受财务不稳定的影响，所以他对工作的评价主要看的是安全感。或许母亲在寻找冒险经历的过程中有一些疯狂，那是因为过于沉闷的成长历程使她产生了一种逆反心理。她热爱那些功败垂成的艺术家，热爱那些永远也不可能取得成功的激进的制片人。她弟弟因循守旧，一直都是家人嘲笑的对象，而她却能把弟弟模仿得惟妙惟肖。

我们在不知不觉中渴望治愈父母的心理创伤，而我们的职业选择从某种程度上来说恰恰受到了这种渴望的引导。比如，有的人可能会尽其所能向父母表明，既稳定又于个人有意义的职业是存在的，有理想的同时也能取得世俗成就的职业也是存在的。孩子可能想告诉父母，一个人可以既有丰厚的收入，又能享受和孩子在一起的天伦之乐，或者对科学有所思考和兴趣。我们强烈渴望超越我们上一辈的某些局限性。

我们最后的职业选择可以视为对父母生活中一些缺憾和困惑的补偿，同时并不会摧毁父母对其至关重要的东西的信仰。我们受到一种代际使命的激励，要为父母疗伤，为其纠正错误。我们经常认为，可以在自己的一生之中解决所有问题。但是，要形成一种对工作的明智、有效（也是令人满意）的态度，可能需要两三代人的共同努力。毫无疑问，我们未能实现的愿望只能留待我们的子女去实现了。

因此，一个显而易见的问题摆在了面前：就成熟程度和快乐程度而言，我们如何通过工作从心理上超越我们的父母？纠正上一代人在思想和情感上的错误究竟意味着什么？我们如何才能帮助我们的父母（哪怕他们已经不在人世，或者对我们的帮助并不是特别感兴趣；逝者安息，我们不会再用这种小事滋扰他们）？这些问题可以帮助我们专注于自己的发展需要。

希望超过我们的父母不仅是有用的，而且是有教育意义的——我们并不是想让我们的父母难堪，而是想纠正某些曾让他们痛苦不堪的有缺陷的态度。可能我们的父母不够有策略（当然这完全不是他们的错），或是太土里土气；抑或是他们过于天真，或是过于愤世嫉俗。他们一辈子都带着某些问题过活，而我们却不必如此。我们能够化解他们所遭遇的挫折，而且可以从中获得经验和教训。在选择一种职业的过程中，我们应该花一点时间，一开始就问一问我们自己，比我们的父母做得更“好”从深层意义上来说到底意味着什么。

练习

如果有一种工作可以让我们改善父母关于工作的体验，那这种工作对我们而言很可能是合适的。尽管这种方法不是那么显而易见，但也不失为一种重要的方式。完成以下练习，你就能明白那对你而言意味着什么。

第1步

回想一下你父母会因为自己所从事的工作的

哪些方面而气恼或沮丧。他们所说的职业缺憾是什么？在你看来，父母职业生涯中的不足或过激之处是什么？

他们的工作生涯是否：

· 过于风平浪静

· 风险过大

· 过于精疲力竭或灰心丧气

· 缺乏雄心壮志

· 过分专注于取悦他人

· 过分纠缠于没完没了的目标

第 2 步

针对每一个问题问一问你自己，你应该从事哪种工作，在生活里才不会出现该问题。或许，（根据标准的衡量方法）那并不是一种比你父母的职业"更好"的职业。比如，这份职业的报酬不一定丰厚，你的社会地位也不一定更高。但是，为什么你觉得相对于你父母关于工作的体验来说，它会是一种进步呢？

三　成功之危险

我们也许会想当然地认为，我们的父母（及手足、好友和亲戚）一定会因为我们的成功而感到喜悦。毕竟，在我们六岁的时候，如果我们在拼写测验中取得高分，他们都会喜形于色，所以他们没有理由不因我们所取得的胜利而兴高采烈，无论这些胜利是大是小、是何种胜利。

但是，如果我们这么想的话，我们很可能会忽视一种至关重要但秘而不宣的人类心理：我们的成功会让我们身边的人，尤其是我们的父母感到不安。因此，我们可能会在不知不觉中让他们担心，或者选择去挑战他们的感受，但是是以我们自己感到无比焦虑和内疚为代价的，这种强烈的感觉有时可能会使我们自毁前程。

父母自然想和自己的孩子亲近。他们花了很多时间让孩子们接受自己的世界观，教育孩子们要有所作为，要术业有专攻。但是爱并非无条件的，与爱相伴相生的往往是潜在的约定和要求。在某些时候，父母的大度会与上一代人脆弱的自尊与成就感所确定的界限发生碰撞。有时，孩子们会让父母的脸上挂不住，不是因为懒惰闲散和好逸恶劳，而是恰恰相反：子女巨大的成就将其与家庭分隔开来，这也好比是一种无声的控诉，指责了父母们所过的生活。

孩子们的成功可以让父母种种无法言说的悔恨和妥协变得释然，尤其是如果孩子们的成功与父母职业中的壁垒相一致时：父亲可能受到排挤，永远无法调到公司总部；母亲可能现在一周只能上三天班，因为她得照顾自己疾病缠身的母亲。

此时，如果我们全力以赴，追随自己的雄心壮志，可能会觉得心存内疚。我们担心的不是我们可能会遭遇失败，相反地，我们担心的是一旦我们取得成功，将会导致什么样的结果。和父母（或是兄弟姐妹）竞争是一项惊心动魄且不能摆到桌面上的工程——与此同时，它也是一项令人胆战心惊的工程，我们可能会选择早早偃旗息鼓。

尽管我们渴望成功，但成功又是复杂的。成功令人羡慕，同时也会招致忌妒。成功彰显了我们的美德，但又会使我们身边的人光芒顿失、渺小不堪。我们往往把职业上的挫折归咎于外因：等级制度的问题或是令人捉摸不透的经济。然而，有时它纯粹出于内因，与我们缺乏某种技能毫无关系，而是源于心理上的障碍，源于我们担心自己会超越那些生养我们的人。我们哪怕在事业上“失败”了，也能在其他方面取得成功——比如不让我们的父母蒙羞。

当我们考问自己在职业上所取得的成就时，我们不敢问自己一些奇怪但又有用的问题：如果我们成功了，谁会感到失落？我们暗地里想战胜谁？我们想报复谁？我们也可以试着完成以下几个句子：

如果我成功了，我的父亲可能会觉得……

如果我成功了，我的母亲可能会觉得……

当然，对于成功而言，还有另一种选择：自毁前程。我们应该知道，成就是会让人感到不安的。虽然我们相信自己追求的是快乐，但是能否快乐我们并不能未卜先知。我们可能是在更加阴暗的情形下成长起来的，也学会了如何与那种情形握手言和。令我们满意的职业前景出现时，可能看起来和我们的本能是相反的，而且令人感到一点点害怕。那并不是我们所期待的，也不会给我们一种回家的感觉。我们可能会选择令人欣慰的熟悉的东西，即使它更难，也不会选择那些让人感觉陌生的能给我们带来成就感的或是好的东西。获得我们想要的东西可能会给我们带来一种让我们无法忍受的冒险的感觉。它使我们受到命运的摆布；我们给自己打开了希望之门，不料随之而来的很可能是失落。自毁前程可能会给我们带来伤痛，但它至少是安全的、幸福的和可控制的。我们在阐述环绕在职业周围的种种稀奇古怪的滑稽之举时，很有必要把自毁前程这一概念牢记于心。如果我们发现自己原本希望给人留下深刻的印象，却最终像小丑一样表现欠佳时，我们应当引起注意。我们可能想努力使自己忠实于一个不快乐的自我。

我们在与“朋友”相处时也要小心为是。之所以朋友一词用了引号，是因为一方面我们告诉自己朋友是存在的，但这些所谓的朋友并不真正遵循朋友的准则。朋友们往往因为共同的恐惧和脆弱被无声地聚集在一起。朋友们所恐惧的东西和朋友们所推崇的东西一样重要。朋友的成功或新倡议会影响到群体微妙的心理。表面上，我们的朋友可能会说我们做任何事情他们都没问题，但是事实上，某些选择可能会极大地影响到他们的人生选择。如果我们退出医疗研究队伍决定从商，那么他们坚持说自己视金钱如粪土的行为有多明智呢？如果我们突然决定加盟一家科技公司或是养牛场，那么它对于我们那些过去十年间一直在出版界或会计工作中苦苦奋战的朋友而言，会是一种多大的讽刺呢？

在面对其他人的忌妒时，我们要显得大度，因为忌妒是软弱、脆弱的表现。但它也意味着在我们需要的时候，并非总是能在期待的地方找到我们所需要的鼓励和支持——这并不是我们的错，而恰巧是因为我们做对了，才会让别人感到不安。我们的处境可能会让我们觉得自己做错了，但是我们应该保持冷静和超然。我们可以把这当成一种于我们有利的良言，毕竟每一次职业变动都有可能将我们带入与我们亲近的人之间的冲突。做我们想做的事情的代价，可能是让我们爱的人失望。我们可能不得不放弃一些朋友，和另一些人交朋友，然后重新调整我们与家人的关系。了解这些是成功的必要和正常的组成部分，它可以给我们带来勇气，使我们能够更坦然地面对在职业前进道路上可能遇见的最大困难。

练习

我们一般不认为成功会带来危险。但这种担心隐秘而强烈，潜藏于我们的内心深处，阻碍我们在职业道路上做到最好。这个练习能够帮助我们发现这些担忧。

第 1 步

虽然他们不会明确告诉你，虽然他们与此同时也会以你的成功为豪，但你的成功会以何种方式让你的父母感到失望呢?

比如，他们可能会有以下一些感觉:

· 他们当时没有好好把握机会。

· 如果他们把自己真实的职业生涯告诉了你，你可能会同情他们，而这正是他们最不愿看到的。

· 对于他们的成就，你可能会不以为意，因为相对于你的成就而言，那是微不足道的。

· 如果你比他们有钱，他们可能会觉得无所适从（比如，父亲可能总是希望由自己来埋单；即便它被证明是一种负担，也是一种可以彰显英雄气概的负担）。

第 2 步

你的成功会从哪些方面让你的某些朋友感到失落呢? 想象一下，你平步青云，一下子升到了一个重要岗位，肩负要职，或者发了一笔小财，或者成天和名人大咖耳不离腮。你能想象得到这会让某些朋友暗暗妒忌吗？或者，他们会担心你从今往后对他们失去了兴趣。

第3步

如果你宣布换了工作，你的哪些朋友或同事不会支持你？你觉得为什么会出现这种情况？是因为他们觉得你是在间接指责他们，认为他们不够有冒险精神吗？还是因为他们觉得对他们而言已经够好的工作却遭到了你的嫌弃？抑或是因为他们担心你整个人都变了，对你们的友谊产生了威胁？

第4步

曾经在你身上投资过的家人和朋友是否会继续支持你现在从事的工作呢？可能会出现以下几种情

况：他们已经习惯于目前你所从事的工作；是他们帮助你起步的，但你现在换了工作，不是忘恩负义吗？他们喜欢通过你的工作把你像信鸽一样牢牢拽在手中。他们担心所有的变化都会有风险，他们不希望看到你受到伤害。

四　自信与内心的声音

我们不会经常思考这个问题，甚至从来不和别人讨论这个问题，但是，我们在应对生涯中所面临的挑战时，许多人头脑里响起了各种声音。在我们的大脑里会有一连串嗡嗡作响的声音，它们会对我们的抱负和我们所取得的成就不断做出评价。

有时，声音是温暖的、鼓舞人心的，激励着我们鼓起更大的勇气或者主动继续前行："你马上就要实现目标了，坚持住""别气馁，休息一下，明天继续迎接新的战斗。"但是，有时声音更加尖锐，批评多于赞美；其基调是妄自菲薄，自我惩罚，充满恐惧，令人惭愧。它们丝毫不能体现我们最好的洞察力或最成熟的能力。它们并非关于更好的自我的声音。"蠢货，我还以为你是可以克服困难的。""你已经逃离了你最真实的自我……"

对自己进行类似严厉的自我批评虽然很自然，但处于相同处境中的其他人可能会有一种完全不同于此的内心独白。结果，他们可能以一种更为有效的方式实现了自己的目标。毕竟，成功在很大程度上关乎信心——相信成功没有理由不属于我们的信心。我们应该意识到，其实有很多伟大的成功并非源自超常的天赋或是技术专长，而仅仅源于一种奇特的精神力量，一种我们称之为信心的力量。而这种意义上的信心无非就是其他人曾经对我们的信心的内在版本而已。

内心的声音往往是外在声音的反映，此前我们听到过这种声音并加以吸收，这种外在的声音就内化成了我们内心的声音。在不知不觉之中，我们把自孩提时代起就和我们打过交道的许许多多人的声音内化成了我们自己的声音。祖母慈爱包容的口吻，父亲的平静从容，母亲的坚忍刚毅又不失幽默，统统都被我们内化于心。但是，在成长的过程中，我们还会受到以下声音的潜移默化：不堪滋扰或大动肝火的父母的音调；一心只想压制我们的兄长的威胁之声；校园欺凌者的言辞，或者是一个难以取悦的教师的评价。我们吸收了这些于我们无益的声音，因为在过去的某个关键时刻，它们听起来令人无法抗拒，也无可避免。这些信息已经成为我们世界里不可或缺的一部分，它们也深深地烙进了我们的思维当中。

坦然面对我们热爱的职业，就是要学会和我们内心的声音达成妥协。我们需要梳理出大脑中独具特色的声音：什么内容？来自何方？我们需要对声音进行审查，并将一些于我们无益的信息剔除。以此，它提醒了我们对于自己想存储的声音是有选择权的。我们应该努力确保我们与自己对话的方式是有意识的，而非偶然的，而且我们应对此后将用以迎接挑战的声音有所准备。

改善我们自我言说的方式意味着接触并想象同样有说服力、有信心，同时同样有帮助、有建设性的不一样的内心声音。这些可能是朋友、理疗师或某类作者的声音。我们需要经常倾听这种声音，经常面对棘手的问题，这样它们听起来才会像是自然的反应。到了最后，它们就会像我们的自言自语一样，成为我们自己的思想。

最好的内心声音会以温柔、和蔼、不紧不慢的方式向我们诉说。它感觉就像是一个颇富同情心的人把我们揽进臂弯里，而这个人仿佛是一个人生阅历极其丰富的人，他经历了许许多多困难，但是从来没有因此自怨自艾，也没有因此惊慌失措。他是这样一种人：总是一步一个脚印，努力渡过难关，最终要么走向成功，要么无怨无悔地接受失败。

在工作中，我们偶尔也会感到无地自容。此时，许多人会有这样一种感觉：因为困难，我们丧失了爱的可能。我们必须吸收一种声音，一种可以将同情从成就中分离开来的声音：它会提醒我们，即便我们失败了，我们也是配得上去爱的；它也会告诉我们，成为一名胜利者只是个人认同的一部分，但不一定是最重要的那部分。

从传统上来看，这是母亲的声音，但它也可能是爱人的声音、我们喜爱的诗人的声音或是一个和自己的爸爸妈妈窃窃私语、谈论着办公室里的压抑感的9岁孩子的声音。那是一个爱你是因为你就是你自己，而不在意你成就如何的人的声音。

我们许多人在成长过程中，身边都是一些紧张兮兮的人：有些人找不到停车券就会气急败坏，而有些人仅仅因为一些管理上的小失误，比如电费账单有误就大发雷霆。这些人对自己没有信心，所以——不一定是要对我们不利——对我们的能力也不会有多少信心。每次我们面对考试的时候，他们总是比我们还紧张。我们出门时，他们总是反复问我们穿得够不够多。他们紧张我们的朋友，紧张我们的老师。他们总是很肯定假期将会变成一场灾难。

现在这些声音变成了我们自己的声音，它们总是笼罩在我们的上空，使我们无法对自己的能力做出准确的判断。我们把莫名其妙的恐惧和脆弱内化成了内心的声音。在某些时刻，我们需要额外的声音，它可以暂停我们无法控制的恐惧，使我们想起我们内在的力量，而那一股股涌动的惊恐把这种力量隐藏了起来。我们的大脑就像是一个海绵状的空间，把我们所熟知的所有人的声音都藏匿其中。我们应该学会消除没有帮助的声音，把注意力放在我们真正需要的声音之上，请它带领着我们走过职业生涯中的困难时期。

练习

本练习的目的在于聆听我们内心的声音。

第 1 步

问问自己，当你在面对以下情形时，你一般会怎么说：

· 担心霉运会降临到自己身上

· 评估事态的发展

· 生某人的气

· 发现某项工作很棘手

· 意识到某人迟到了

· 需要做某种自己不爱做的事情

· 有所成就

这样做有助于了解我们向自我诉说的方式，虽然这并不陌生，但是这种方式我们平时不以为意。

而且，它会让我们形成一种习惯，即观察我们的大脑是如何运作的。

第 2 步

你会如何描述向自我诉说的那些事物？哪些是负面的？哪些是正面的和有帮助的？

第 3 步

你能把这些内心的声音和你过去熟悉的人联系在一起吗？是哪些人？试着把这些人和他们富有个性的声音联系在一起。

第 4 步

找到最友善的一种声音，设想一下它会更加洪亮，也会更频繁地出现。在那个场合下，它会对你说些什么呢？

五　完美主义陷阱

一般来说，我们之所以对某种职业特别向往，是因为该职业领域最杰出人士的成就给我们留下了深刻的印象。我们在赞叹承接了这座城市机场设计工作的建筑师设计的精美建筑时，在追随华尔街最富有的基金经理大无畏的交易时，在阅读最受推崇的小说家的推理故事时，或者在获奖大厨的餐厅里品尝辛辣的美食时，我们就已经立下了雄心壮志。我们的职业规划是基于完美主义的范例之上的。

接着，在大师的启发之下，我们迈出了第一步，麻烦就此开始。我们好不容易才做出的设计，我们第一个交易月取得的业绩，我们刚刚写了个开头的小说，我们为家人亲手做的家宴，远远无法企及最初点燃我们雄心壮志的那个水准。我们心中怀着最高的标准，因此无法忍受平庸，而这种平庸恰恰来自我们自己。

我们陷入了一种令人不安的悖论之中：我们的雄心壮志因伟大而点燃，但是我们对自己的了解却仅仅局限于各种先天不足。我们陷入了所谓的“完美主义陷阱”之中，其特点是，我们容易被完美之作深深吸引，但对于臻至完美的条件缺乏成熟或充分的理解。

这主要并不是我们的错。我们的媒体无心对此大加宣扬，甚至根本就没有注意到这一点，但它故意滤过了那些平淡无奇的人生故事，滤过了充斥着失败、否定、挫折的岁月，甚至对事业有成者失意的过往也绝口不提。其目的在于每天推出经过精心策划和精挑细选的所谓巅峰成就，其结果是这些成就仿佛并非千里挑一，而变成了一种常态，变成了成功的基准。于是，“每一个人”似乎都成了成功者，因为我们碰巧听到的每一个人都是真正的成功者——我们已经忘了与成功相伴相生的是像大海一样的泪水和绝望。

于是，我们三观尽毁，因为我们从内心深处对我们自身的挣扎再清楚不过，但是从外部来看，铺天盖地的似乎只有那些完全无痛苦可言的成就。我们无法原谅自己事业初期经历的种种恐怖，大抵是因为在我们所崇拜的人身上并没有看到这种早年的经历。

我们所需要的是一种更为理性的图景，即我们想要模仿的每一样东西背后都有许许多多困难。比如，我们不能去看博物馆里的艺术杰作。我们应该去工作室里，看看那些痛苦不堪、毁于一旦的早期画稿，看看画稿上艺术家因崩溃和痛哭而留下的点点泪痕。我们应该看看建筑师花了多长时间才拿到第一笔像样的佣金（那时他们已经50多岁了）；应该深挖获奖作家们最初的作品；应该认真审视在取得成功之前企业家所历经的种种失败。

我们必须意识到，失败是合情合理且必要的。我们要允许自己在很长一段时间里做一些并不完美的事情——我们必须付出的代价，只是为了数十年之后的有朝一日，别人也会认为对我们而言，成功只不过是信手拈来。

练习

完美主义是缺乏耐心的体现，也是一种误解，认为要成功，一切就应该是完美的。

第 1 步

想一想你所在的领域里备受你推崇的人。列出他们的伟大成就。

第 2 步

了解或者想象一下他们有何失败之处。也许你并不了解细节，但是你可以列出一些无效的项目、失败的计划、不尽如人意的书稿、口碑较差的电影，或是搞砸了的生意。

第 3 步

勾勒出你心目中的英雄的职业生涯曲线：有多少时间花在了妥协或失败上？又有多少时间虽然是在试错，但事业大体上还处于正轨之中？

第4步

完美主义错误地认为失败与成功并不兼容。从某种意义上而言，完美主义是从过度的焦虑中发展而来的，而这种焦虑又是从以下观点发展而来：如果事情不能如愿，那会怎么样呢？

· 你会如何定义失败？其他人是不是也像你这么定义的呢？

· 你什么时候失败过？

· 后果是什么？它们和你想象的一样糟糕吗？

六　责任陷阱

人生刚刚起步时，每个人都很贪玩，都喜欢找乐子。在人生的最初阶段，我们无所事事，成天就知道寻开心，每天在水坑、彩笔、球、泰迪熊、电脑和厨房抽屉里那些零零碎碎的东西中实现我们追求享乐的目标。一旦东西玩腻了，或是玩不过别人，我们就会直接放弃，寻找新的快乐之源——而且没人会把这种事情放在心上。

然后，突然之间，到了五六岁的时候，在大人们的介绍之下，我们接触到了一种可怕的新的现实：“责任之治”。根据这一准则，有些事情——实际上是许多事情——我们之所以必须做，并不是因为我们喜欢或是觉得那些事情有意义，而是因为其他人希望我们这么做。那是一些咄咄逼人的人，他们颇有权威，而且有我们三倍那么高。那些大人严肃地解释道，这么做是为了在未来 30 年里赚到钱，买得起房子，能够去度假。听起来还挺重要的，对吧？

甚至当我们回到家里，哭着告诉我们的父母，明天要交一篇关于火山的随笔，我们不想写，可他们还是会以责任为重。他们可能会很生气、很没有耐心——其中还夹杂着许多恐惧——地告诉我们，如果关于火山岩这种简单的家庭作业都做不好，还一心只想着要建一座树屋，那我们永远都无法在成人的世界里生存下去。

我们真正喜欢做什么，什么能给我们带来快乐，这些问题在孩提时代偶尔也是重要的，但仅仅是有些重要而已。它们成了日常学习生活之外的问题，成了只属于假期和周末的问题。一种基本的区别根深蒂固地存续下来：快乐是留给爱好的，而工作是痛苦的。

难怪在我们大学毕业之后，工作和爱好的区别已经深深地植根于我们的脑海，我们有时甚至会忍不住一直问自己，在我们内心深处，我们究竟想过一种什么样的生活；未来的时间还那么多，到底做什么事情是有趣的。它所涉及的并不是我们已经学会思考的方式。我们在地球上有百分之八十的时间都要受到责任之治这种意识的左右。它甚至成了我们的第二天性。我们坚信好工作注定是相当无聊的、令人讨厌的、让人烦闷的。否则，为什么有人会付钱请我们去做这种工作呢？

责任担当的想法之所以备受推崇，是因为在这样一个竞争激烈且花销巨大的世界里，它似乎是最有保障的一条道路。但是，责任之治其实并不会给我们带来真正的保障。一旦我们完成教育，它就表现为一种伪装成美德的纯粹的责任。负责任可以变得极为危险，原因有两个。

首先，因为在现代经济中，成功只属于那些工作特别投入，并把非凡的想象力运用于工作之中的人——而这在很大程度上取决于这个人能从中获得乐趣（一天到晚筋疲力尽、抱怨连连的人是毫无这种乐趣可言的）。只有当我们找到内在的驱动力，才能迸发出蓬勃的生机，彰显出超常的智力，这样我们才能在激烈的竞争中出人头地。纯粹为了责任而进行的工作，相对于那种出于热爱而进行的工作，会显得苍白无力。

当我们出于乐趣投身工作中时，第二种情况就出现了，即我们对于其他人的乐趣更加具有洞察力。也就是说，我们对于企业之基——客户们——是否乐在其中非常敏锐。当我们能够调动我们的快乐情绪时，才能最好地取悦我们的客户。

换言之，快乐并不是工作的对立面，而是成功工作的关键要素。

但是，我们必须记住，只要问一问自己真正想从事什么样的工作（当下不考虑或不主要考虑名利的话），就会发现它和我们每一种关于有保障的工作的想法是背离的，而这种想法则是我们的教育不断灌输给我们的。这么一想，我们不由得倒吸了一口凉气。要与真相为伴，需要很有洞察力，要很成熟：当我们把最丰富的想象力和最真实的自我投入到工作中时，我们将为其他人提供最好的服务，我们要为社会做出我们最伟大的贡献。责任可以保证我们获得基本收入，但只有诚恳的、以快乐为导向的工作才能带来巨大的成功。

当人们在承受责任之治带来的痛苦时，我们需要来一个“病情突变”，然后请他们想象一下在弥留之际会对自己的一生做出何种评价。死亡的念头可能会让我们走出过于担心其他人的想法这种最为普遍的恐惧。人终有一死，“死亡将近”的想法会让我们想起一种比对社会负责更为高尚的人生目标：对我们自己负责，对我们的天赋负责，对我们自己的兴趣和激情负责。从弥留之际的视角来看人生，会使我们看到在看似合情合理的责任之路上，其实隐藏着鲁莽和危险。

练习

第 1 步

在你成长的过程中，你是否把工作看成可以乐在其中的东西？试着去回忆那些特定的场合：可能那时候你十岁，你从学校回到家里，突然想到，未来的某一天你一定要完成一项工作。你是否会觉得这就像冒险一样，是一件令人十分激动的事情？还是更像一件烦心的琐事，你不想做却偏偏要你做？你认为你的态度为什么会是这样呢？

第 2 步

假设收入有保证而且够用，但是每周至少得工作 40 个小时，这会是一种什么样的工作呢？相对于工作而言，你对于爱好和闲暇的追求是否更加充满热情呢？如果把责任感剔除，你的感觉是否会有所不同呢？

第 3 步

如果责任不是问题，那你会怎么做呢？

七　冒充者综合征

无论是在个人领域还是专业领域的许多挑战中，我们被一种妄自菲薄的思想锈上了镣铐：像我们这样的人是不可能取得胜利的，因为我们知道自己多么愚不可及、焦虑不堪、粗鄙恶俗又笨拙迟钝。我们把成功的机会留给别人，因为相对于周围那些饱受赞扬的人，我们似乎和他们并不一样。面对责任和声誉，我们很快相信自己不过是个冒牌货，就像是扮演飞行员的演员，即便连引擎都无法启动，也可以穿着制服，通过机舱广播，宣布天气良好。无须付出努力，当然看起来不费吹灰之力。

冒充者综合征产生的根本原因在于，我们对于其他人的真实情况有一种完全不切实际的看法。我们之所以觉得自己像冒充者，并不是因为唯独我们有缺点，而是因为我们想不到，每个人在或多或少的光鲜外表下都隐藏着深不可测的缺点。

冒充者综合征最早可追溯至孩童时期，尤其是当孩子强烈地感受到父母与自己不同的时候。一个四岁的孩子无法理解当他的母亲和他一样大的时候不懂得开车，也不知道告诉管道工该做什么，无法规定他人睡觉的时间或是和同事一起乘坐飞机。身份鸿沟绝对是存在的，而且无法逾越。小孩热衷于在沙发上蹦蹦跳跳、看动画片和吃巧克力。孩子们热爱的东西与大人们热爱的东西完全不同，大人们喜欢坐着漫无边际地聊上几个小时，而孩子们却在外面一个劲儿地奔跑；大人们还喜欢喝上几杯散发着锈铁味的啤酒。我们很早的时候就有一种强烈的印象：其他人，尤其是那些能力超群、备受推崇的人，真的和我们一点也不像。

这些童年经历符合人类境况的基本特征。我们清楚自己内心的想法，但旁人只能从表面了解我们。一直以来，我们深谙自己内心所有的焦虑、疑惑和愚昧。但我们对他人的认知还是停留在行为和语言层面——一种更为狭隘和经过编辑的信息来源。因此我们常常会得出这样一个结论：我们自己势必身处人类本性中更加变态、更加令人作呕的那一头。但事实远非如此。我们只是没想到别人一样为此所困。即便不知道到底是什么困扰着那些外表光鲜的人，但一定也有某种东西在困扰着他们。或许我们不清楚他们在哀叹什么，但他们的确陷入了某种苦闷的心境。我们说不出他们痴迷于哪种不同寻常的性癖好，但肯定有一个。我们对此心知肚明，因为脆弱和冲动并不是唯独落在我们身上的魔咒；它们是人类精神结构中的普遍特征。

要解决冒充者综合征，就需要来一次关键性的思想飞跃，意识到其他人的思维方式和我们基本吻合。每个人都和我们一样焦虑、茫然、刚愎自用。之所以这是一次思想飞跃，是因为我们要接受一个事实，即我们每一个人大部分的所知所感，尤其是其中更为羞耻和无法言说的那一面，其实都大同小异。

从理论上来说，艺术作品的宗旨之一是让我们更加真实地感受到我们所惧怕的人的想法，展示他们那些更加普通、混乱和焦躁的经历。通过艺术鉴赏，我们就会明白，我们之所以无法取得他们的成就，并非因为我们的不足。法国哲学家蒙田（1533—1592）曾经试着用大白话戏谑地告诉读者："国王和哲学家都会拉屎，贵妇人也一样。"

蒙田的言下之意是：尽管所有证据都表明人人需要排便，但是我们从来没想到过这些人也需要如厕。尊贵如斯，我等又岂能亲眼见证其如厕呢？毕竟我们都十分了解自己的消化活动。因此我们有了一种观念：由于我们的肠道过于粗鄙，过于无药可救，我们成不了哲学家、国王或贵妇人；如果我们将自己设定成这些角色，我们显然就成了冒充者。

这是一个很生动的例子，因为即便证据不够充分，我们也知道，这些尊贵之人和我们排泄的方式是一样的。在蒙田的指导下，对于那些达官贵人、名门望族的真实面貌，我们有了一种更加理性的看法。但我们真正的目标并非只是身体机能上的信心缺失，心理领域也涵盖在内。蒙田或许也说过国王、哲学家、贵妇人也会自我怀疑，会缺乏自信，偶尔也会撞到门，会对自己的家庭成员有乱伦之心。除了16世纪法国的大人物，我们也可以推而远之，看看当下的例子，如首席执行官、企业法律顾问、新闻主持人和成功的创业者。面对压力，他们也无法应对自如，也会觉得自己注定会失败，对自己曾经做过的决定感到羞愧和后悔。不只是排便方式，这些感觉也是不分你我的。我们之所以不能取得他们那样的成就，并非因为我们内心的脆弱。如果我们处在他们的位置上，我们也不会是冒充者——我们再正常不过了。

来一次思想飞跃，重新认识他人的真实面目，我们就会觉得世界充满人性。这样一来，每当我们遇见陌生人的时候，我们就会知道，我们所遇见的并不是一个彻头彻尾的陌生人，即便表面上看他们与我们截然不同，但实际上，他们和我们如出一辙——因此我们之间并没有根本的差别，我们一样肩负着责任，一样有实现成功的可能，一样会有成就感。

练习

第 1 步

想一想你身上有哪些其他人不知道也想不到的弱点。即便你觉得它们显而易见，但仍然有很多东西是你善于隐藏起来的。想象一下别人惊讶地发现了你某些方面的特征，是哪一点让他们感到惊讶呢？

第 2 步

问问自己为何这些弱点和缺陷在别人看来并没有那么明显。你是否为了自己的欲望，不惜动用卑鄙的手段将其隐藏起来，去欺骗和糊弄他人？除此之外，是否有更光明正大的理由呢？也许你根本并没有试图掩藏它。但如果你的缺点总是不为人知，那么很可能别人的缺点也总是不为人知的。

第 3 步

现在，反过来练习一番。想象一下，有一个你所敬仰的人，出于简单的、与人无害、与己无忧的原因，隐瞒了困扰着自身的问题。他们的缺点和恐惧会是什么呢?

八　工作投资陷阱

找到一种自己热爱的工作通常困难重重，因为辞去原来的工作往往是一种难堪之举。你的工资可能有所下降，至少暂时如此；你可能需要获得新的技能；还可能得搬回家去住；可能有一段时间，你会让人觉得一无所长；你的同龄人可能已经是某一行业的元老了，你却刚刚起步；或许连续几年时间你都会因为职位低下而自责。那会是一种令人无地自容的感觉，而且整个过程也特别缓慢。这和那些雄心勃勃的人的风格完全不同，他们身上有一种强烈的气质驱使他们快速行动，眼光锐利，富有成效，进步明显。进修深造的念头可能令人十分反感。另一种职业看起来或许非常有吸引力，但要实现那个目标，你需要在时间和尊严上均有所投入，那种感觉是十分负面的，因此人们可能会把整个念头搁置一旁，直至放弃，最终因此付出巨大的代价。这就是工作投资陷阱。

颇具讽刺意味的是，在我们年轻的时候，工作投资陷阱最为突显。想象一下，有一个 20 岁的人，他的职业规划是在化工行业，他马上就要获得相应的资格了。他在中学选择了相关的课程，在大学里选择了相应的专业，获得了一些相关的工作经验，也认识了目标行业中的一些人。他已经做出了巨大的投入。但是现在，他开始认真思考在一个完全不同的行业中求职。或许，为了寻找一份热爱的工作，他应该成为一名景观建筑师或海洋生物学家。这就可能意味着，为了这份工作，他至少还得投资两年时间。

在 22 岁的时候，两年感觉特别漫长。那可是他迄今为止人生的十分之一啊。从心理学的角度来看，甚至比十分之一还要长。在你 20 岁的时候，你可能会觉得，只有从 16 岁后到现在，你才是你自己——在此之前，你还处于懵懵懂懂的童年期和青春期，对自己的生活可能会是什么样子还没有真正的感觉。因此，两年时间就像是你生命的一半。那是一种巨大的牺牲。

难以把握但至关重要的一点是，未来会是什么样的——比如你56岁的时候。到那时，两年拥有完全不同的含义。那只是从16岁（那时人们对以后要从事什么样的工作才产生了真正的兴趣）到中年巅峰时期的40年中的二十分之一（或百分之五）。随着岁月的流逝，进修深造的时间长度和我们整个工作生涯相比，其实是相对较短的一段时间，而不去进修所带来的后果则要严重得多。

在爱情中也有一种类似的陷阱，我们可以称其为“情感投资陷阱”。你和某个人相处了两三年时间，虽然有时候感觉挺美好的，但整体来说双方并不是特别融洽。然而你坚持了下来，因为要找一个更合适的伴侣所需要的投资是非常巨大的。现实似乎过于庞大，而漫长的未来——到目前为止，未来在我们生命中所占的比重更大——还没有担负起它应有的重要性。

这其中有两个很重要的原因。其一，漫长的未来其实是一种关于生命正在走下坡路的叙事。变老并不是人们喜闻乐见、为之欢呼雀跃的概念。我们对于变老的态度是拘谨保守的。一般来说，我们不会盼着自己长到五十六七岁，所以我们一般不会，甚至会刻意避免去考虑我们未来这些生存阶段的兴趣与需要会是什么。

我们生活在一种极其崇尚年轻的文化氛围之中。人们经常提醒我们为什么年轻真好，而很少有人鼓励我们思考变老有何吸引力或有趣之处。所以，我们不会花心思去想有什么可以帮助我们在中年生活得更好。为了反击这一倾向，我们应该画出时间线，迫使自己明白这样一个道理：16 至 24 岁这个年龄段相对于 24 至 48 岁或 48 至 72 岁，其实是相当短暂的。在理想的文化乌托邦中，当我们 22 岁的时候，我们要经常观看和阅读有关中年生活的电影和书籍。我们要经常提醒自己，50 多岁的人正值工作生涯的巅峰，此时人生的成就最大，收入也最为丰厚。这么做是为了和我们未来的存在产生一种思想上的亲密接触，这样我们才能本着更精准的整个一生的情况，而非最近的经历来确定我们现在的投资。

还有一个使我们很容易不从长远着眼的关键因素是，我们通常生活在“时区气泡”（time zone bubbles）中。我们大多数时候生活在与我们年龄相仿的人群之中，所以代际经验不足。我们很少会进入比我们老很多的人的内心世界与经验之中，所以对他们所处的生命阶段的现实并非完全了解。

我们需要一种更为积极的策略。我们必须促使人们向我们讲述他们的生活经历。我们必须问一些引导性的问题，还需要进一步探究并追踪。我们必须让他们深入细节。我们需要问一些具体的问题，比如，随着年龄的增长，他们的世界观是如何发生变化的？他们的观点发生了哪些变化？为什么？我们不仅要去咨询一个人的意见，还要经常去征求大家的意见。有一种观点认为，为了使我们能够朝热爱的工作这个方向发展，我们可能需要花一点时间和比我们年纪大的人打交道。这种观点初看之下是奇怪的，但反思之后却合情合理，也是切合实际的。他们不一定非得是我们正在考虑的职业中的人士。我们所需要的是一种更为笼统的指导。有一样东西至关重要，但是很容易受到我们的忽视，那就是“我们未来几十年生活的真实情形”。在此问题上，我们需要他人的帮助，帮助我们极其认真地思考这个问题。

我们正在寻找一种可以帮助我们更全面、更现实地思考未来的方式，这样我们才能够成为明眼人，明明白白地做出重大决定。或许只有在那个时候，我们才能好好地评估一种困难但又重要的投资的价值，这种投资的成本是合乎情理的，而且能够帮助我们找到一种我们真正崇尚的职业。

练习

如果你知道自己会活到200岁（173岁时退休），那么你觉得花两年时间重新接受培训，为另一种职业做准备值得吗？这会改变你的想法吗？

有趣的是，人们经常想当然地认为时间不够用，因为唯有如此，人们才会关注重中之重。但是，换一个角度来看这个问题也是很有帮助的。假如时间并没有这么紧迫呢？你可以把个性中那些经常被边缘化的东西充分利用起来。你甚至不用迫不及待地寻找一种“体面”的工作，因为你还有几十年的时间，慢慢寻找也来得及。你并不担心要重新接受培训或是更换职业，因为未来长得很，值得一试。由于时间紧迫，我们内心真实的想法常常会受到压抑，而这种思想实验则可以帮助我们看清自己。

练习

第1步

回想一下你和你所熟悉但是比你年长20至30岁，同时也不是你父母或家人的人交谈的情景。我们对于未来生活阶段的想法在很大程度上取决于我们是否有相关的生活阅历，即是否对其生命阶段离我们十分遥远的那些人的生活有过深入的了解。

第 2 步

我们可以先把负面因素搁置到一边，想一想 45 岁或 60 岁或 75 岁会有什么好处。我们生活在一种推崇年轻的文化氛围之中。这种文化使得年长感觉起来完全是一场灾难，奇妙的是，我们因此也很难严肃地思考生命之树常青这个命题。但是，如果我们至少有时候想一想其实年长也不错，那么我们的观点会更加中肯：我们会时时关心我们久远的未来，有时也不至于那么焦虑了。

第 3 步

你觉得你在到达那些年龄阶段的时候，会有什么样的遗憾或担忧吗?

九　妄自菲薄症

有时，我们真正想要从事的工作与当前的情况完全风马牛不相及。我们的头脑之中浮现出了一种我们热爱的工作或事业，但是我们环顾四周，却根本看不到它的影子。我们意识到，如果真要实现理想的话，我们必须自行找到解决方案；我们必须成为一名创业者。在人类社会里，一提及创业者，人们总是激动不已。创业者似乎是事业的集大成者，已经到达事业巅峰。但是其中也夹杂着许多恐惧，因为自行创业会有许许多多的要求。我们很容易就会灰心丧气，担心我们最初的冲动是否合情合理。在自我怀疑最为严重之际，我们经常会觉得，既然现在这种工作根本不存在，那去尝试又有什么意义呢？追根溯源，原因并不在于我们发现自己的想法其实并不是一个好主意。相反，我们发现很难把自己当作是创新的中心。我们有洞见，有点子，但我们置之不理，因为我们曾经也有过洞见，有过点子，最终却不了了之。我们在此面对的问题是一种特有的低自信心，它使我们认为自己会是某种伟大事物原创者的信念最终夭折。

“创业者”这个词本身就是不幸的代名词。言下之意，创业者代表的是特定的人群，他们或许从出生之日起就与众不同。他们能力超群，而这种能力不是我们这些凡夫俗子所能想象或拥有的。他们是创业者，我们不是。在我们的头脑里，这类人和我们大相径庭。他们似乎魔力无边，拥有我们难以理解却又无比欣羡的潜质。为了克服这种障碍，我们需要重新思考一下创业者究竟都做些什么。

最初，我们一想到创业者，就会想起那种在筹款大会上侃侃而谈的人，爱喝咖啡，经常熬夜，经常聚精会神地研究报表，他们是技术迷，住在顶层的豪宅里，爱骑与众不同的自行车。但是，所有这些仅仅是有关创业者的趣闻逸事。从本质上而言，一个有创意的创业者对别人真正需要什么可谓了如指掌。

乍看之下，我们可能会觉得，了解同类的需求似乎并非难事。我们需要做的只是去问问他们究竟需要什么。只要随便找一群人，问问他们未来想买什么，我们就会知道未来的产品和服务是什么。然而此时，一个不同寻常的、相当顽固的问题会闯入我们的头脑之中：其他人对于他们想要什么、必需什么或喜欢什么通常没有超前意识。哪怕有朝一日他们会对某种产品欣喜若狂，他们也无法向这些产品的创造者们提供将这些产品变成现实所需的信息。他们不会有独创的思想，只会人云亦云。大多数伟大的创新都不是从民意调查或是小组座谈中得来的。

因此，有创意的创业者只能被迫借助于一种更微妙也更意想不到的数据源，这种数据源往往被人们忽视，因为它无处不在，既不出名，又很难理解（这一点或许是主要原因），那就是我们的思想。当我们接触到这些数据之后，我们的大脑和身体仿佛成了一台无限灵敏的仪器，每分每秒都能够产出符合我们的需求且让我们满意的非凡线索。甚至，由于人类从本质上而言有很多共通之处，它们也符合其他人的需要，能让其他人满意。适当的自省是一种准确解读自我的能力，既要有想象力，又要大脑清晰，既不能感情用事，又不能有偏见，这会为我们提供了解周围人所需的几乎所有关键东西——而靠谱的商业就是以此为基础的。从创新的角度来说，了解自我和了解他人从本质上而言往往是同一件事。

某种成功的自省会走向创新，这需要很大的勇气，因为我们真正喜欢的、需要的或是反对的，与我们的社会认为是正常的东西是有所不同的。关于流程和产品的普遍假设中包含的想法和固定反应，其实已经离潜在事实很遥远了，但是，每个人由于太过礼貌，太缩手缩脚，往往无法对问题做出真实的反应。忠于自我可能意味着我们必须背叛主流的思想。

成功的创新者，无论是艺术家也好，企业家也罢，都是那些坚守自己洞见的人，而那些洞见最初出现时其实也无异于荒唐的想法。爱德华·霍普（Edward Hopper，1882—1967）一定不会是第一个感受到火车站寂寥的魅力、午夜餐馆奇特的无名慰藉或郊区周日的怪诞的人。但是在他之前，人们很快就将自己的感觉抛诸脑后了，因为他们无法从社会大众那里获得支持。我们称之为艺术家或创业者的人，除了各种各样的成就之外，他们在拯救和叠加那种鲜为人知但有深远意义的情感之时，哪怕被人们称为怪物也不以为意。霍普因为矢志不渝地坚持自己的观点，成了一名伟大的艺术家。

在现代建筑史上的绝大部分时间里，电梯是最不受人待见也最“压抑”的建筑元素之一。人们故意把电梯井隐藏起来，因为人们认为它没有任何吸引力，不值得我们一看。但是偶尔，尤其是当我们还是孩子的时候，我们对于电梯的隐秘部分特别感兴趣。电梯门打开的一瞬间，我们瞥见了电梯井，听到了一种令人心驰神往的回音，还有一大堆的缆绳、滑轮和平衡装置。它们可能是整栋建筑里最好玩的东西了。英国建筑师理查德·罗杰斯（Richard Rogers）之所以能够成为一名伟大的创新者（和创业者），其中一部分原因是，他知道如何忠于自己这种对一切科技，特别是对电梯的兴奋之情。他不喜欢客套，也不喜欢因循守旧，相反，他忠于自己的激情，而且他一直深信，许多人表面上漠不关心，但内心深处和他一样，对电梯饱含一种热情。从巴黎蓬皮杜中心（1971 年设计）开始，他所设计的建筑中的电梯井都是开放的，因此我们在穿行于不同楼层之间时，才得以惊叹于科技之匠心；在与现代工程之活力和智慧亲密接触时，才会情绪高涨。

约翰·孟塔古（John Montagu，更出名的称呼是“三明治伯爵”）在其生活的时代（1718—1792）里，午餐可以说是琳琅满目，应有尽有。他本可以吃用银盘盛的牛排，或是烤鸡翅配烤甜菜根；也可以来一个洋葱派或是一碗高汤。但是他十分敏锐，在伦敦中心俱乐部和朋友们打牌的时候，他就意识到，此时最理想的莫过于可以一只手拿着快速吃完，又不会把手指弄油腻的食物了。所以，他让人在两片面包之间夹了一些肉。这可不是什么纯粹的奇思异想（目瞪口呆的侍者可能会有这样的想法），“三明治伯爵”看到的恰恰是一种长期被人们忽视但又能满足需求的解决方案，而人们此前根本没有注意到这种需求。

“三明治伯爵”本身就是贵族，因此三明治因他而生绝非巧合。他最著名的这个发明现如今已经成了数以百万计的普通白领每天必备的美食，但是值得注意的是，它还被打上了一种思想烙印：自信满满，条分缕析，绝不盲从，不受封建束缚。

早在成为社会类型之前，封建与贵族从某种意义上来说还是思想之分。封建思想存在于任何一个阶级之中，我们心里老是想象别人一定比我们知识渊博，因此我们的任务就是亦步亦趋。贵族思想并非一名伯爵的专利。无论前面有多少人尝试过，重大发现还是非有贵族思想者莫属。“三明治伯爵”有信心从事一场创新者的重大思想试验：他懂得扪心自问自己想做什么，也懂得思考自己是否有足够的信心承受他人的嘲笑和批评。

1841 年，美国哲学家拉尔夫·沃尔多·爱默生（Ralph Waldo Emerson）发表了其最有深度的一篇论文《论自助》（‘*Self-Reliance*’）。在这篇论文中，他给自己提出了一个任务，即试图从无论商业、政府也好，科学、艺术也罢中去发现伟大来自何方。他的回答很令人感动，也很发人深省。天才是那些知道如何内省，并相信自身情感与思想之人。“相信自己的思想，相信你内心真实的声音对于其他人而言也是真实的——那就是天才。”爱默生如是写道。虽然我们忍不住会认为其他人一定有答案，但是创新者“学会了去洞察和注视自己内心深处闪过的一道光芒，这道光芒并没有被游吟诗人和智者的光芒所掩盖……在天才的每一部作品之中，我们都会看到被我们自我否定的思想：它们会以某种陌生的高贵姿态再度出现在我们面前”。

所以，有创意和没创意的区别并不在于有创意的人有不同的思想，而在于有创意的人会更加认真地看待自己心中的想法。他们之所以能够做到这一点，是因为他们有一种爱默生非常珍视的品质：不怕被人耻笑。

平庸是因为我们经常被其他人的思想和行为所左右，而不是被我们内心涌动的思想和感觉（就存在于表面之下）所指引。我们隐隐约约知道应该怎么做，但是我们并不相信自己内在的本能。事实上，我们遵循的是一种唯唯诺诺的封建思想：好点子永远只是其他人的专利，与我无关。

麦片棒（能量棒）现在随处可见，甚至还多了一道光环：居家旅行必备食品。但在它正式出现前的 1975 年，斯坦利·梅森（Stanley Mason）已经发明了能量棒。他还发明了挤压式番茄酱瓶。问题的根源和我们今天对于怪异之事的恐惧是相似的：他担心自己创造的产品过于奇葩，是用一些干巴巴的谷物碎片凝固而成的。几十年来，我们都有过这样的经历：一回到家里，我们就会把手伸进早餐纸盒里，取几片麦片干吃，不配牛奶。但是，没有一个人认真对待过这一小小的举动。人们并没有意识到，这一体验一旦商业化之后，就会催生一个产业。担心沦为笑谈仍然在继续摧毁我们最好的点子。

我们之所以一一列举上述的创新之举，是想清除关于我们真正想要从事的工作的想法周围的内在障碍。事实上，一个点子没有付诸实践，并不意味着那不是一个好点子。之所以称得上是一个好点子，就是因为它打开了我们的思想，精准、清晰地找到了我们喜欢并享受的东西。我们认真地分析自己的乐趣之所在并不是一种放任自流或是边缘化的举动，原因之一就在于此：那是一条康庄大道，它将引领我们发现自己能够为他人提供哪些思想指引。

练习

第1步

花一点时间关注并记录那些令你感到喜悦或困扰的事情。

这些事情看起来可能是琐碎的：

· 公交车司机停车和起步都非常平稳，我特别喜欢；很可能这些司机很享受驾驶的乐趣。

· 我无法同时拿着一杯外卖咖啡、一把雨伞和一个公文包。

再来点儿干货：

· 年轻的伙伴把漫无边际的讨论又引到了重点之上，而且对问题的总结非常简单又清晰。真了不起。

· 一整个早上我都觉得无精打采，因为我一直在想昨天晚上我怎么就和伴侣傻傻地吵了一架呢？但是我这个人又放不下面子去道歉，因为并不全是我的错。

第 2 步

由于你的不满、渴望和热爱，人们会有所发明吗？从产品和服务的意义上来说，沮丧或愉快会带给我们什么呢？当然，并非每样东西最终都能做成具有竞争力的、具体的产品。比如，有一种特制的夹子，可以把纸杯夹在伞骨上。这种产品恐怕不会有销路吧？我们之所以要问自己这样一个问题，目的在于养成一种习惯：严肃地看待自己的反应（正面的和负面的），因为它们可能反映出了其他人的需求。

练习：解决世界一隅的问题

第 1 步

世界上哪个地方出了问题最令你痛苦？在看电视的时候，听到什么最令你伤心？什么最令你感动？什么会让你哭泣？什么最吸引你？是父母和孩子反目，从此不再说话？是战争爆发？是孩子们成了孤儿？是建筑太丑了？还是教育发展太慢且不公平？

第 2 步

接下来，看看你作为个人能够为解决这个问题贡献什么力量。本练习的目的在于发挥你解决问题的能力。你是一个谈判高手吗？你知道丧亲之痛是一种什么样的感受吗？你能否设计出既经济实惠又有审美情趣的公寓？

第 3 步

最后，看一看错综复杂的世界，看看世界性的大问题，看一看你能为解决这些问题贡献什么力量。在你们的交集之间找一个小的切入点，为修补这个世界提供一些与众不同的力量。

十　进化，而非革命

在考虑更换职业时，我们是在闭门造车，一想到可能由此引发一系列巨大的变化，我们不由得大吃一惊。在我们想来，变化犹如疾风骤雨、火山爆发一般。我们觉得自己思考的是生活中的一场革命，一切都将迥然不同。于是，我们惊慌失措，无所适从。

我们应该意识到自己想象中的变化以及变化会如何发生都会成为问题，成为阻碍我们前行的因素。我们可能因此故步自封，或选择相反的策略，突然之间颇富戏剧性地开始大修大补，辞去现职，踏上前往另一片大陆的旅程。我们会去寻找未知的事物，我们会朝着极端观望。那是因为我们受到自然（但是错误）的理念的指引：不变则已，变则翻天覆地。

这种致命的思维习惯在情感关系中也会出现。当爱情变得举步维艰时，我们知道我们应该有所作为来改善自己的感情生活。做一些小小的改变，我们的感情就会朝着好的方向发展，但我们不愿意这么做。我们选择了惊天动地的方式：一有外遇，就搬了出去，或干脆离婚了事。

一种更有帮助的方法是一步一个脚印，逐渐改变：要循序渐进地进化，不要改天换地地革命。

进化是一种非常有效的变革过程，但是这种思想也很微妙，我们应该对其有信心。我们之所以不会对这种想法趋之若鹜，其中一个原因就是我们不知道它能否真正起到作用，因此我们很难相信它是存在的。当进化在起作用的时候，鲜有一种决定性的瞬间，让变化看上去十分明显。它好比是成长中的孩子：如果朝夕相处，我们一般很难注意到他们身上有任何变化。但是，随着时间的推移，原来在地毯上爬来爬去的、一个小小的橘子状塑料钥匙扣都会让他激动不已的 11 个月大的孩子，仿佛一转眼就长成了一个 6 英尺高、痴迷于山地自行车的 17 岁少年。我们知道在过去的那些年里，数不胜数的小小变化正在不断累积，但是它们从不说自己是大变化。在我们视线未及之处，骨骼在发育，韧带在强化，神经通路在形成，技能在逐渐发展，世界观与兴趣逐渐成形。

我们在生日之际做出的一系列重大承诺中，有一部分能帮助我们获得一个观察自我进化的更佳视角。由于有了一定的时间间隔，我们就能看出小小的变化产生的累积效应。那就是为什么我们在厨房门上刻上成长中的孩子的身高会让我们激动不已。周复一周的变化在人的肉眼看来根本不算什么。但是，身高线每年都在变化，有了这种东西，我们就可以弥补天生的缺陷，即我们难以相信无法看清的过程了。我们的大脑只是不太擅长追踪进化的过程。

这也是一直困扰着历史学家的一个问题。如果我们希望对数百年来的巨大社会变迁做一番论述，我们很可能会仅仅着眼于最大的公共事件，比如新一届政府的选举、重要公众人物的辞世、战争、和平条约等。但是事实上，真正起作用的往往是数不胜数的小小变化。看着这些小小的变化，我们或许不会那么激动，但是在解释当时的情境以及最后事态的演变时，这些小事件往往更为精确。

因此，我们应当对生活采取一种进化式分析法的论调也就不足为奇了。在看待细微小步骤与整体大转变之间的关系方面，我们的训练还不够充分。但是，为了能够找到一种我们热爱的工作，先从不起眼的地方入手，小试牛刀，或许是一个明智之举。开始的时候，我们可以每周上一次夜校，或者在假期里花三天时间对一种择业方向进行一些了解，或者在正式更换工作之前尝试将其作为一份兼职，先做两年时间看看。这相当于在现有工作的基础上又添加了一份责任。从表面上看，这已经是一种惊天动地之举，我们可以由此开启一种巨变。小打小闹可以增添我们的勇气，可以让我们了解自己在某个尚不熟悉的领域中是否具有天赋。它们打破了一种广泛盛行但于我们无益的观念，即，我们要么安于现状，要么改变一切。奇妙的是，还有不甚吸引人且备受忽略的第三种选择，一种细心的循序渐进的方式，值得我们去探索。

练习

与其给自己施压，一下子就规划和实施大动作，不如先尝试一些细枝末节的小项目或先进行小小的冒险。为了确认在某个新领域中你是否有天赋，你可以先尝试哪些小变化，而无须进行大的、革命性的步骤呢?

比如：

· 申请去单位里的不同部门工作一段时间。

· 休个假。不是去某个地方度假，而是尝试一种新工作。申请跟班见习一周时间。

· 和某个已经在做这种工作的人加个好友。

· 如果涉及搬家，那就花一些时间到新的地方去看看。

· 如果从事这种工作的人要到特定的酒吧去，那你也去看一下。

· 假设你是一名演员，你打算扮演一个从事这种工作的人。试着去读一读他们爱读的书，买一买他们爱买的东西，想象一下那个角色下的自己。

· 去实习一番，薪水比现在低一点也无妨。

· 去上夜校。

十一　死亡的振奋力量

在近代早期，达官贵人的书房里都有一个标准的装饰品——头颅。这种关于生命短暂的直白提醒并非为了使主人对万事万物皆为虚妄感到沮丧。相反，悬挂头颅的目的在于鼓励他们从自身经历的特定方面去寻找缺点，与此同时，让他们能够更加认真地对待生活里的其他方面。死亡具有无法匹敌的力量，它使我们从“神仙”一般浑浑噩噩的生活之中挣脱出来，将注意力集中于我们真正想从事的事业之上。

我们想当然地认为，时间有的是，我们可以以后再花点时间发掘我们真正的雄心壮志之所在。为此，我们浪费了太多时间。虽然还有时间，但是时不时地吓唬一下自己还是很有必要的。在《忏悔录》（完成于 1882 年）中，列夫·托尔斯泰记录了死亡的念头带来的恐惧感以及由此带来的诸多好处。托尔斯泰告诉我们，51 岁那年，他已经完成了《战争与和平》《安娜 · 卡列尼娜》等作品，已经是一位举世闻名的作家，身价颇高。他很早就已经意识到，他不是靠着自己的价值观或是上帝的价值观生活的，而是靠着“社会”的价值观生活的。这使他心里萌生出了一种不安的骚动，即他应该要比别人更强，比别人更出名、更重要，也要比别人更有钱。在其社交圈里，“野心、权力、贪婪、淫荡、傲慢、恼怒和复仇都会受到尊重”。但是现在，由于心中时常想着死亡，他对自己先前的野心产生了怀疑：“‘那么好吧，你在萨马拉省拥有 6000 俄亩土地、300 匹马，那又怎么样呢？……好吧，你的声誉比果戈理、普希金、莎士比亚、莫里哀，比世界上所有的作家都高，那又怎么样呢？’我完全无法回答自己，哑口无言。”

最后终结他问题的答案是上帝。他将遵循耶稣基督的教诲度过余生。无论我们对基督教解决托尔斯泰关于意义的危机的理解有何不同，他充满怀疑的旅程始终是沿着同样的曲线发展的。死亡的念头会引领我们走向一种更加真实、更有意义的生活方式；死亡的念头也是一种庄严的召唤，召唤我们要确定轻重缓急，这就是一个例子。

古希腊历史学家希罗多德写到，在埃及，当宴席临近尾声时有一个风俗：狂欢者们兴致最高昂的时候，仆人们鱼贯而入，抬着一具具骷髅走进宴会厅，穿行于餐桌之间。死亡的念头所起到的作用或许是，它引领着我们去发现对我们而言碰巧是最重要的东西——可能是在尼罗河畔的这一次小饮，或是写一本书，抑或发一笔横财。与此同时，它也鼓励我们不要过于在意别人对自己的评价。其他人毕竟不会代我们死去。有朝一日我们都会消亡的远景可能会引领我们去过一种我们内心所珍视的生活。那或许并不残忍，或许将对死亡的强烈感受融入我们对热爱的工作的寻觅之中会是一桩至善之事。

练习

第 1 步

对照一下你所在地区的平均寿命，估算一下这辈子你可以活到什么岁数。吓唬一下你自己，先减掉 20 年，因为有癌症和心脏病这两大健康杀手。其目的在于营造某种可以为我所用的建设性的焦虑感，旨在说明剩下的时日是有限的，这么做的目的主要是对抗某种倾向，即认为时间还很多，不用急着去做人们认为生命中重要的那些事情。

第 2 步

如果你只剩下一年可活了，你会做什么？如果你想过一个长达 12 个月的假期，这说明了你对工作是什么样的态度？你是否可以想象如果你只剩下一年时间，你想要把其中的大部分用在工作上？你的工作应该是什么样的，才会让你有这样的感觉？

练习

在你的葬礼上，你希望人们会对你做出怎样的评价？当然，他们会说很多好话和感人肺腑的话，但是在此请把注意力放在你真正的成就之上——尤其是人们可能不会考虑提及的（甚至不知道的）东西，除非你自己小心翼翼地告诉过他们。

比如：

· 你在创业之前是如何克服焦虑情绪的？

· 你是如何学会更好地和权威打交道的？

· 你是如何学会感觉生活并不总是发生在别处的？

· 你的工作最初根本容不下创造力，而你是如何找到将创造力与工作结合在一起的途径的？

第五章
慰藉

一　快乐与期望

边工作边收获快乐是人生一大乐事，也一直是贯穿本书的终极目标。正如我们所知，实现这一目标的重要环节与发现更多个人的抱负和性格，并将其与工作领域的需求相匹配是紧密联系的。但是任何时候提到“快乐”这一概念时，我们必须将另一要素——期望问题——纳入考量之中。在任何语境下，我们快乐的程度主要取决于我们对自己快乐的期望之程度。我们的快乐不仅取决于事物本身的美好特质，还取决于当这些特质累积起来，与我们曾经想象的事物对比后，可能产生的“化学反应”。

当代人对职业的态度在悠久且复杂的历史长河中占有首要的位置。我们通常并没有意识到这一点，但是我们关于工作、收入和社会地位的期望还远远谈不上“自然”或永恒。这种期望来自我们对工作的流动性和成功之概率的想法，这些想法编织成了一个复杂的网，而且已连续发展了几个世纪。

在中世纪的英格兰，如果你生活在布里斯托尔（当时是一个繁忙且狭小的海港），你可能对伦敦、巴黎或西班牙宫廷里发生的事知之甚少。鸡毛蒜皮的小事从来没有机会风靡这个国家。比方说，宫廷里的女性喜欢把头发盘起来放在脸部其中一侧的网兜里，或是喜欢在印花图案上点缀有珍珠的红色长手套。

冈特的约翰（John of Gaunt）的第一任妻子、亨利四世的母亲兰开斯特的布兰熙（Blanche of Lancaster）是 14 世纪中叶英国衣着最为考究的女性。但是她没能引领潮流，因为得猴年马月之后，人们才能了解到她当时穿的服装。

布里斯托尔的富商之女可能对服装有浓厚的兴趣，但她根本没有机会与像布兰熙那样的伦敦贵妇名媛们比较一番，因为她压根儿不知道贵妇名媛们现在时兴的是什么。不管怎么说，布兰熙和她根本不是同一个档次的人。

然而，1770 年 8 月，《女性杂志》（*The Lady' s Magazine*）创刊号问世。

该杂志每个月都会刊登插画，详尽地描绘声名最为显赫的贵妇名媛们的时装。于是乎，宽边帽、高腰裤等时尚潮流迅速席卷了整个英国。《女性杂志》还以一种既八卦又亲昵的口吻对富豪权贵们的社交活动进行了报道，仿佛达官贵人们就是编辑的圈中好友。多亏了这本杂志，贝德福德夫人（Lady Bedford）不再是那个难以捉摸、遥不可知的贵妇人，而她一度遥远得就像来自另一个星球的物种。贝德福德夫人比你小几岁，腰肢纤细优雅，有着蓝灰色的双眸，手持一把精美的威尼斯羽扇。最近，她参加了多尔切斯特侯爵（Marquess of Dorchester）家的聚会，鲱鱼饼、百里香羊肩肉等菜品一应俱全，凌晨 1 点后还有马车专门在门外迎候。

但凡看过这本杂志的女性最后都会将自己的服饰和社交活动与伦敦人脉颇广的富豪权贵们做对比。于是，她们不禁悲从中来，体验到了一种从未体验过的情绪：原来自己早已被时尚、社会和世界无情地抛弃了。在埃塞克斯郡一个名叫芬奇菲尔德的小村庄里，姑娘们倚窗而坐，抬头望向天空，看着灰色的云朵无精打采地飘向地平线，生平第一次知道生活真的在远方。当然，此前你也可能已经被抛弃了，但抛弃你的只是那些你认识的人和生活在你周围的人。比如，可能是你的表兄弟姐妹没有带你一起去摘黑莓，或是教区牧师没有邀请你去赴宴。而这本以可靠载体自诩的杂志，旨在揭示这片土地上的每个女性都在何处消磨时间、穿什么样的时装，唯独把你排除在外。

事实上，《女性杂志》并不是以普遍权威对其时代精神的空洞表达。它是一本“危险”的杂志，由约翰·库特（John Coote）在伦敦的办公室里策划，该办公室位于靠近圣保罗大教堂的惠特灵街，并不起眼。但是当你在英格兰乡下的父母家中情绪低落，坐在扶手椅上翻看杂志时，你会觉得它们就是终极真相的代言人。

18 世纪新媒体的作用就是告诫广大社会民众，其生命是不完整的：自耕农阅读《观察者》（*The Spectator*）之后认识到了自己是个乡巴佬；《闲谈者》杂志（*The Tatler*）告诉地方乡绅，其言谈过于粗俗；《伦敦杂志》（*The London Magazine*）提醒约克郡的商人们，他们正在一个错误的城市里挥霍生命；十几岁的小姑娘们则从《城乡杂志》（*Town and Country Magazine*）上了解到，未来的丈夫与杂志上的完美人物相比，可能差了不止一大截。印刷技术的日益高效、特制彩墨的使用、可靠的道路系统以及价格持续走低的邮资，共同为自我厌恶开辟了一条新的、不同寻常的道路。

我们并不妒忌各方面条件都比我们好的人。我们妒忌的是人们教我们要与之比较的那些人，那些在某种层面上我们认为与之平等的人。在旧世界里，普通老百姓妒忌贵族或君主这种事情是不可能发生的。那些高高在上的人物与世人隔离，且不遗余力地向整个世界展示自己是如此与众不同、如此不凡，凡人永远无法与之相比拟。他们的穿着、习惯和生活方式清楚地表明，他们无论如何都不可能是普通人。

法国国王路易十四（1638—1715）喜欢身披貂皮大衣和金色锦缎外套漫步。他平时手执金手杖，有时身穿盔甲。当然，这身行头足以彰显其骄横跋扈和命运之不公。但这确实有一个极大的好处：就凭你浑身上下透露着的那种平淡无奇、俗不可耐的气息，你永远都不可能相信你能登顶。达官贵人并非你妒忌的对象，因为妒忌的产生是有其理论前提的，即你理应拥有遭你妒忌之人现在所拥有之物。

而相反的是，现代世界的构成基于一个显而易见的普遍认知，即事实上，每个人都有所缺。所缺的并非现有的财产和地位，而是潜力。任何一个人的成就都可以是无止境的。今天，你可能有点缺钱，可能地位低下，也可能屡屡受挫。但是，这些都是短暂的苦恼，可以巧妙地解决。辛勤工作、态度积极再加上一些好点子，过不了多久你就有机会打破僵局。这只是意志力的问题！总有不少鼓舞人心的故事，流传着关于努力之人的佳话。例如，有这么一个人，在南美待了五年时间，无所事事，然后回到家乡，生活安顿下来之后创办了一家企业。现在这家企业的市值远远超过世界上许多贫穷国家的财富。需要强调的是，他和我们每一个人都是平等的：他并非身穿铠甲；他看起来就像一个数学老师，或是曾经在机场外载过你的出租车司机。成功总有一日会属于我们，现代性从未停止强调这一点。

但是，在这种所谓人人潜力无穷、贤人自有好报的叙事中涌动着一股暗流，使我们备感疲惫和残酷。相关数据清晰地表明，我们当中只有极少数人能够获得成功。社会结构仍呈金字塔状，塔尖依旧狭小。我们的家人和早年的自我寄托在我们身上的梦想，就其定义而言永远是梦想，是不会实现的。尽管所有证据都指向这一点，但是要接受失意的生活是常态这一事实，对我们来说很痛苦也很艰难。

如果这还不算太糟的话，那么以一种个人负责的心境来思考失败就尤其令人生畏了。旧世界视失败为意外，认为是不慎走了“霉运”，或是因为中了诸神不为人知的阴谋诡计。人们认为，处于最贫穷的社会底层的人都是“倒霉鬼”。从词源的角度来解释，就是那些不受幸运女神庇佑的人。幸运女神将其庇佑随意分配给众人。一个人的荣耻不是其社会地位的附属物。但在现代世界里，失败不再被当作“意外”看待，并因此自然成为富人们乐善好施和同情的目标，而被当成个人缺陷的直接结果。在贤能政治时代，人们认为赢家会自己创造运气，而“倒霉蛋”开始被冠以一个不太友好的称呼：输家。我们是自己人生的唯一作者，书写着自己的自传。因此荣誉也好，责难也罢，结果统统归于自己。自杀率在现代成倍地攀升也就不足为奇了。贫穷带来的不安为羞耻感增添了沉重的心理负担。

旧世界因其悲观，所以善良。生活从根本上来说处处充满挫折，令人失望，这并非偶然。这一道理显而易见。而最明智的做法就是尽早学习并践行淡泊明志、与世无争的哲学思想。一个人无论镰刀用得多好、地耙得多勤，有一点是很清楚的，即从根本上来说，这个人的命运是不会发生本质变化的。正如西方前现代最著名且深受世人喜爱的作家之一塞涅卡（公元前 4 年—公元 65 年）所理解的，“何必为部分生活而哭泣？君不见全部人生都催人泪下”，又或者正如命运多舛、穷困潦倒的法国天才作家尼古拉斯·尚福尔（Nicholas Chamfort，1741—1794）所言：“清晨吞下一只蟾蜍，那一整天就再也没有让你恶心的事了。”

最贴心的莫过于悲观主义者了。他们尝试让我们得以解放，免遭期待的枷锁之苦。他们明白，在对“每个人都能在地球上发现满足感”的确信中，小心翼翼地缠绕着一种无理性的残酷。他们知道，当一种例外被误认为是一种规则时，我们个人的不幸不再是人生中不可避免的一面，而将如奇异的诅咒般压在我们身上，使人颓废。渴望与灾难在人类命运中自然占有一席之地，现代世界在鼓吹希望的同时否定了这一点，也否定了对我们急躁易怒的关系、无疾而终的志向和令人失望的职业进行集体慰藉的可能，并使我们陷入一种由于没能达到期望而遭受迫害的孤独感中，而这些期望最初也许并非出于本性。

理论上讲，人类的想象力应该局限在实际可操作的范围内，唤起人们的志向。我们不会是永不止步的追梦者。但我们的希望却总是跑过了头。它们不会因为我们对自己个人的才能和外界对我们的计划如何热情地准确评估而有所停歇。大自然赋予我们播种希望的能力，这于人类种群而言是有利的，但对于个人的特定优势则可能不起作用。正如鲑鱼一跃而起，奋力冲出瀑布，回到它们最初的产卵地一样，我们天生带有某些使命（要成功、要赢、要征服），但在实现它们时丝毫不顾及我们的个人能力。大自然才不会在乎我们能否创作一首独特的奏鸣曲，或是萌生一个有价值的商业点子；我们前进的动力与我们实现它们的天赋是无关的。一千条鲑鱼中只有一条能成功产卵，繁衍后代……

现代世界的乐观主义大大增加了获得幸福的机会，但也极大地扩散了萦绕在心头的恐慌感，使完美主义遭受了挫折。这种乐观主义将大批人类活动从原来人们认为极有可能变得糟糕的领域，转移到可能并且应该实现完美的事物范畴中。它使完美成为常态，将失败的负担吸收内化。

现代化在我们面前提供了无穷无尽的选择，但是忘记了以下悲剧性的基础，即我们对自己或这个世界的理解永远都不足以让我们做出可靠的正确选择。我们缺少相关信息和经验，却不得不做出对自己和他人生活将产生巨大影响的决定。例如，我们应该将业务拓展至韩国市场吗？现在是进行大规模品牌重塑的时候吗？如果这次没有晋升，我要辞职吗？我应该接下纽约的工作，还是接受丹吉尔（摩洛哥城市）抛来的橄榄枝？如果爱人因工作调动去了德国，我是要随他去呢，还是因此和他分手？如果有了孩子，我是应该多打几份工（毕竟要埋单的地方很多），还是减轻一些工作量（多花些时间陪伴孩子）？我应该现在进入房地产市场，还是等待市场回暖？

等到了中年，我们已经做了数百个重大决定。其中，有 15 个决定可能大错特错，而我们也将用整个余生为这些错误埋单。这一两难困境就是存在主义的中心思想。存在主义是 19 世纪发端于丹麦的哲学思想。该思想对人类所遭遇的困难表示同情和理解，而这些困难是因知识和时间匮乏，无法做出最佳选择而造成的。伟大的存在主义者索伦·克尔凯郭尔（1813—1855）穷其一生，绞尽脑汁，对“我应该和谁结婚”这一问题进行了深入思考。有一段时间，他认为自己已经找到了答案：一位充满魅力的年轻女人，叫作雷吉娜·奥尔森（Regine Olsen）。雷吉娜起初拒绝了他，然后又接受了他，那时克尔凯郭尔就开始起了疑心。这段恋情前后持续了十年，对各方都造成了巨大的伤害。感情上的悲痛成就了克尔凯郭尔的杰作《非此即彼》（*Either/Or*）中一段美丽而激昂的文字——适用于婚姻以及其他领域中的种种抉择：

结婚，你会感到后悔。不结婚，你也会感到后悔。结婚或者不结婚，你都会感到后悔。嘲笑世界中的种种愚昧行为，你会感到后悔。为这些愚昧行为而悲泣，你也会感到后悔。嘲笑也好，为其悲泣也罢，你都会感到后悔。相信一个女人，你会感到后悔。不相信她，你也会感到后悔……上吊，你会感到后悔。不上吊，你也会感到后悔。上吊也好，不上吊也罢，你都会感到后悔。先生们！这，就是一切哲学的本质所在！

存在主义者给我们提供了一个机会，来有效地匡正一个正常但有害的观点，即聪明的选择从结构上来看是有可能且非悲剧性的。克尔凯郭尔式的方法调和了这种现代感性认知，即认为完美是有望企及的。你遭受的选择之苦并非异常现象，它是人生在世最可预料且最令人心酸的事情之一。

人在这个世界上待的时间够长，他们那并无特别之处的恶性就会把他们拧成一个奇特的死结。他们会受悔恨的裹挟，每天一点一点地被这样的想法侵蚀：如果十年前不那么做的话，或许今天一切将大为改观。

这一主题引起了古希腊悲剧作家们的强烈共鸣。他们认为，解决这一问题的关键在于承认后悔不可避免。他们尤其着迷于俄狄浦斯的生平故事。俄狄浦斯天资聪颖、野心勃勃。在一次旅途中，他被一群人拦了下来，他一度认为那是一群强盗。俄狄浦斯将其首领暴打一顿之后杀害。那时没有一个人知道他杀死的正是自己的父亲。当然，如果这一点早被悉知的话，一切将大为不同。希腊人尤其热衷于这个故事，因为他们认为这不是俄狄浦斯的错。但是许久之后，当俄狄浦斯发现杀的是自己的父亲时，他的内心受尽了愧疚和悲伤的煎熬。

在反复聆听之后，这则故事的寓意让我们受益匪浅，因为知道每一个生命都背负着某种形态或形式的悔恨，能帮助我们走出悔恨。“无怨无悔”的生活只存在于歌曲中。消减悔恨的方式就是消除这样的想法：人有自由做出正确的选择，但失败了。失望是人类的基本状况，但现代性根本不愿意承认这一点。

我们生活在资本主义制度下，理应对自己手下留情。就人类经验而言，它是组成生活的一种新的且十分复杂的方式。经济学家以相当技术性的方式定义了资本主义：资本主义意味着公司为了获得投资而相互竞争；为了达成更划算的交易，顾客们从一个供应商转投到另一个供货商，这表明需求的流动性很高；资本主义是对创新的全情投入，因为大家都在打一场持久战，以更低廉的价格为大众提供款式更新、质量更好的产品。资本主义以这种方式将更多的好东西引入人们的生活。它创造了线条优美、令人热血澎湃的汽车，美味的三明治，遥远岛屿上迷人的酒店，明亮温馨的幼儿园。但是，令人不安的是，资本主义也造就了一些极其焦虑的公民。

我们应当承认解决“要做什么”这一问题的固有尊严和复杂性，从而以冷静的心态面对我们的麻烦。我们应当认识到确定要做什么或接下来该做什么的过程是我们要承担的最为棘手、复杂和烦琐的任务之一，而非凭直觉追随浪漫主义信仰就能了事的。我们仅仅在这一问题上就要慷慨地投入智慧，这是很正常的。有时我们需要寻求大量外界的帮助，这是我们应该期望的。另外一些时刻，我们也许会抽出一周时间，远离一切人和事，给自己独立思考的时间和空间，完全没有取悦他人（或刻意招惹他人）的压力。

确定“要做什么”需要我们全力以赴，需要时间去探索，这并不是因为我们愚笨或自我放纵，而是因为每一个决定都是建立在证据的点滴不完美之上的。让我们感到困惑的信息碎片遍布在我们的经验里，但实际上一个人的长处是什么，我们一概不知。我们有厌倦的时刻、兴奋的时刻，有的事情我们能妥善处理，有的事情我们一时为之着迷，过后又选择忽略——所有这些都需要我们对其定位、解码、阐释，并拼凑成一幅拼图。我们必须权衡某种利益冲突。比如，一个人能承受多大风险但又不觉得压力太大？他人尊重你从事的工作到底有多重要？能够精确解答这些问题，表明你有高度的自知之明。

一个人在成为作家之后，最悲惨的经历之一就是忍受糟糕的初稿、第二稿、第三稿，甚至也许是第 N 稿的折磨。对于新手来说，这似乎意味着连创作出初稿的能力都没有，一份离你心目中精心打磨的作品还差了十万八千里的初稿。你心想，把几个像模像样的段落连贯起来应该相对简单。但更痛苦然而更有成效的是，要做到这一点非常困难。各种天马行空的想法以一种混乱和无序的形式从脑海中蜂拥而出。你真正想表达的意思隐藏在一个看似熟悉的观点背后。几种观点之间的联系似乎根本就不明显，而且这几种观点孰先孰后还不得而知。作家在明白自己到底想要表达什么之前，可能得反复重写十至二十遍，而这还只是他们用来厘清思路所花费的时间。当然，并非人人都要写小说，但是一遍遍推翻重写揭示了人类思想的一般规律。自我理解的过程是漫长且布满荆棘的，需要一遍遍重来，一次次改变，一次次重组材料。

对职业和职业发展有着重大意义的决定无可避免地是在相当不利的条件下做出的。时间往往很紧迫，我们对于各种选择的了解也往往不够深入。最终，我们总是在试图描述一个我们还不完全了解的人——未来某个时刻的自己——并尽我们所能揣摩对他而言，什么才是最好的。尽管形势会变，整个行业有起有落，我们还是会练就一身技能，成功编织专属的社会关系网，使自己适应于我们正在想象的未来。

在公共领域里，我们经常接触到的主要是那些非常擅长展示自己天资、实现自己抱负的人。尽管这种人为数不多，但是关于他们的事迹如雷贯耳，因此拿他们做比较既不合理，也无所裨益。了解更多不同领域里的榜样对我们而言是有益的，他们揭示的是另一种更加常见的模式：固执地坚持错误的假设，或是转错了方向，或者小心翼翼地绕开了那个被证明是最佳的选择，抑或是义无反顾地投身于灾难性的行动之中。

这一普遍的困境令人伤感不已。几乎每一个人都会在弥留之际发现，自己有大量的潜能未能得以挖掘。你原本可以大有作为，最终却未人尽其才。在走向坟墓之际，你还在乞求他人发现你的这些潜能。或者，因为有许多事情你没能做到，你带着失落感走向了坟墓。但这并非羞耻的真正原因。它应当是我们关于彼此之间必须认识到的最基本的特点之一：这是我们面对的共同命运。这太让人伤感了。但它不是独属于某一个人的悲伤。想象力必然超过人类的潜力，这是一种具有奇特的慰藉力量的悲剧观念。每个人都无法挖掘自己的所有潜能，这是我们的大脑以一种古怪的方式演化的结果。

我们之所以绕了这么一大圈讨论现代经验的根源，目的在于重构我们的工作经验，尤其是提醒自己我们关于就业的希望与梦想在历史上其实是夸大其词的。我们是伟大期待的继承者。这些期待的产生都有极其崇高的理由，但是其副作用也是极其明显的。这意味着我们很可能会以失望而告终，即便从客观上来说，我们各方面的条件都不错。如果我们能将这种历史情形内化于心，就不会把希望定得太高，就会更加脚踏实地。不要给自己太大压力（无法得偿所愿时，我们往往会做出这种解释），但是是以一种更好的理由——为了让自己更快乐，更容易满足。

二　自我同情

现代世界的生存技能之一是要娴熟掌握自我批评的技能。我们要确保，我们最坏的敌人能告诉我们的一切，我们早已了如指掌：我们成了自我憎恶的行家里手。我们知道如何不含有任何感情色彩或不偏不倚地看待我们的平庸，我们让偏执战胜了安逸和满足。但是，由于我们过于擅长此类举措，我们的胜利有了夸大其词的危险。在遇到一些职业挫折时，我们可能会自视过低，以至于羞愧得连床都下不来。一段时间内，我们甚至恨不得了结自己。

为了降低这种概率，我们应该偶尔探索一种情感状态——自我同情，这样有野心的人才会对感到极度害怕有一种易于理解的倾向。考虑到有多少成功都应归功于焦虑与自责，对自己仁慈感觉像是一种自我放纵，随后灾难便会接踵而至。但是，由于自杀也是有问题的，在适当的时候，我们也应当多关心一下自己。

在我们还不够强的时候，我们有时应该有足够的勇气对自己更加宽容一些。我们可能已经失败了，但是我们并没有因此丧失被人同情的权利。我们之所以被打败并不只是因为我们是笨蛋，还因为以下种种原因。

因为运气不佳

我们就这样毫无防备、稀里糊涂地爱上了成功，而没有意识到我们给自己提出的挑战的严峻程度。我们无意之中陷进了所谓的“彩票现象”。

在现代世界里，许多国家都有彩票，每周都有数以百万计的人购买彩票，怀揣着一夜暴富的梦想。令人吃惊的是，条件越差的人买彩票的热情越高。我们一看就明白，其实这些人是把概率搞错了：如果他们知道自己得奖的概率很低的话，可能就不会劳心费神地去玩什么彩票了。赢得彩票头奖的概率是一千四百万分之一，几乎相当于成为英国女王孩子的概率（现在是一千五百万分之一）。投资回报的概率如此低，却胆敢参与其中，对于这些人我们深表同情。他们事实上把目光对准了几乎无法命中的目标。

但是我们并没有意识到，自己也是如此。我们手里同样攥着各种各样的彩票，眼睛也盯着从统计学角度来看几近奇迹的东西，虽然我们并没有意识到自己在这么做。在工作这样一个重要的领域，我们对于工作乐趣的期待其实和买彩票差不多。

很少有人在其整个职业生涯中都顺风顺水，永远成功。如果我们一定要描绘出一幅理想的职业成功的图景，它大体是这样的：一个人早年就选择了一个正好适合自己的领域，并且投身其中，他发现并探索着重要的新机会，拿下了很好的合同，一路顺风顺水，从一个成功走向了另一个成功，在最理想的时候完美转型，转向了新领域，获得了公众的认可和荣誉，退休的时候他会觉得自己已经实现了当初为自己设定的目标。他在老年时活得有尊严，受人爱戴，受到子子孙孙的推崇，然后他开始“垂帘听政”，给孩子们以聪明的指引。（他 90 多岁的时候毫无痛苦地离开了我们，是在一个安静的布满鲜花的房间里离世的，离世前写下了智慧、慷慨的遗嘱。）

这种场景出现的概率和获得彩票大奖的概率几乎是一样的。但是，令我们感到惊奇的是，尽管我们受过教育，而且显然天生务实、脚踏实地，但是在想象中，我们也把自己置于一种稍事修改的情境之中：我们同样认为好的职业理应如此。我们认为，哪怕我们希望这种事情发生在我们身上，也不是那么不近情理。我们并不了解职业成功的概率其实非常之低。公司高层的职位屈指可数，真正大获成功的企业家少之又少，能在商业上获得成功的艺术家寥寥无几，鲜有一个人可以靠写小说养活自己。而且，真正以上述那些方式取得成功的人往往也付出了高昂的代价：牺牲了爱情；丧失了友谊；长期处于焦虑状态；承担着巨大的风险，而几乎无所回报；投入了何其多的时间；有时甚至被恐惧和绝望的疯狂力量驱动着。我们在崇拜其职业成就的同时，往往并不会发自内心地羡慕其所过的生活。

我们的大脑——那个负责思考的有毛病的胡桃——不会轻易就理解数据和概率。在我们的想象当中，有些东西的概率会高于其实际概率。我们想当然地认为，人口中百分之一的人过着令人难以置信的奢侈生活，每天坐着私人飞机在世界各地飞来飞去。但是，在法国，收入最高的百分之一人口平均年收入为 20 万欧元（约 150 万元）。收入确实很高，但是还不够买私人飞机的一个机翼——赛斯纳半球飞机（Cessna Hemisphere）的标价为3000万美元（约 1.92 亿元）。我们想当然地认为大多数人的肚皮都很平坦，但实际上肚皮平坦的人极其少见。比如，在澳大利亚，只有百分之二的人身材苗条，而且人到中年后，除了肌肉松垮之外，其全身上下都惨不忍睹。在英国，有一半的人每天都要为钱操心，三成的人认为没有人爱自己。但是我们在考虑到自己的生活时，很少会把这些事实牢记于心。相反，我们更加频繁地受到那些引发关注的人和故事的影响。它的背后无任何危险可言，媒体便持续地把这些非常态的事例搬到我们面前，因为这是人们喜闻乐见并甘愿为其自掏腰包的。

所以，我们觉得自己不是生活在这个世界上，而是生活在一个完全不同的世界里。我们想象中的社会可能比真实的世界里存在更多杀人犯、更多疯狗、更多食人鲨、更多美丽快乐的人和更多精彩纷呈的派对。此外，我们当然也认为成功的人比实际数量要多得多。在我们的思维地图中，我们可能、能够、正常或实际获得职业成功的概率就这样被不经意地拉高了。结果，我们对自己职业道路的满意程度比我们实际应有的要低得多。

进入我们大脑之中的数据带有很深的偏见。如果我们可以看到其他人生活和工作的真实样子，我们对于自己的成就和地位可能就会有另一种非常不同的看法。如果我们像一个全能的天使一样，能飞越大地窥见每一个人的生活和想法，我们就会发现，失望几乎无处不在。有多少人的抱负不曾实现，有多少人在人后感到无比困惑和不知所措，又有多少泪水和激烈的争执。那时我们就会对现实有一种完全不同也更为准确的看法。我们就会发现，真正成功的人很少，而且他们表面上的成功其实伴随着沉重的压力。我们就会发现，我们给自己设定的目标其实从统计学角度而言，是多么不正常。

从某种意义上讲，那是一种痛苦的教训。我们可能会因为自己的亲眼所见而感到震惊和悲伤。当然，我们可能会失望地得出这样一种结论：我们无论如何都无法实现自己的目标。但是，从另一个角度来说，那又会让你感到宽慰和安心。事实上，没有赢得职业上的彩票大奖时，我们也可以对自己宽容一点。我们不再把目光仅仅锁定在几个毫无代表性的人物上，而是会进行自我调整，把眼光投向正常的事物发展道路之上。

一旦不再过于天真，我们的思维就可以狭隘一些，把思想集中于可能发生的事情之上。此前我们一直坚持着一种梦想，这种梦想相当于我们认为自己会赢得欧洲百万或强力球彩票。我们不应该因此受到批评。相反，我们值得自我同情，因为我们在自己职业成功的道路上设置了无法逾越的障碍，而我们是很难取得这种成功的。当我们参照（而且应当参照）真实的统计数字时，我们相当不完美的工作生涯看起来就没有那么让人感到羞耻和压力重重了。

因为我们疯了

每一个人都疯了，而且无可避免地会疯，我们也疯了，我这么说并没有任何贬损之意。我们疯了，因为我们只是偶尔才知道应该理性行事；因为我们总是透过我们已经忘得差不多的、经常混乱不堪的童年来看待各种现象；因为我们不能很好地了解自己，也不能很好地了解别人；因为我们失去了对本来就不多的耐心和平衡感的控制。这是无可避免的。

基督教教义中所说的原罪强调的是，每一个人总是而且必定是不完美的。我们原始的祖先——亚当和夏娃——犯了一个错误，而这个错误的阴影始终笼罩在整个人类历史之上。我们相信这种说法也好，不相信也罢，至少令我们颇感安慰的是，我们的生活之所以出了问题，并不是因为我们所犯的这样或那样的错误，而是因为我们人类一个更为深层、更为基本的缺陷——一种永远无法纠正的特有的污点。

我们无可避免地将我们的疯狂带入职业之中。那意味着我们将做出一些后果出奇不好的仓促决定。我们会冲一些本不该遭遇我们毒舌的人发火。我们本应该保持冷静，但偏偏被激怒了；本应该充满信心，却焦虑不安。我们原本应该栽培的人，最终却成了我们的对手；原本应该专心努力的时刻，却偏偏选择了偷懒。这种事情不会时常发生，但足以将我们的机会一一耗尽，让我们无法为自己雕琢出一条理想的职业之路。无论我们怎么指责自己，这些缺陷都不会自行消失，因为它并非我们近期所犯错误的结果，而这种错误是可以修正的。它们是我们受损的人类天性的一部分，即我们所有人都天生愚钝。

因为失败的概率总是更高

普遍困境从根本上来说令人悲伤，但我们总是对理应是最基本的公共认知的人类境况之一——人经常会失败——感到暗自羞愧。

很久以来，我们的社会残忍地坚持着相反的观点，即所有人都能够且终将取得胜利，这颇有些感情用事。我们听惯了复原力、反弹、永不投降、再试一次这样的话。但并非所有社会和所有时代都这么无情。在古希腊，人们预见到了一种非同寻常的可能性，就像在我们这个时代看到三层划桨战船一样不可思议：你可以做到最好，但是，你也可能全部搞砸。为了将这种思想置于集体想象之前，古希腊人完善了悲剧的艺术。在大城市一年一度的盛大节日活动中，所有市民均应邀目睹失败的故事。故事情节极其可怕：人们只要触犯了法律（哪怕只是轻微的过错），或做出一个匆促的决定，或不小心和不该上床的人上了床，就会很快被钉上耻辱柱，并受到严厉的惩罚。责任并不仅仅属于悲剧的英雄们，它还是古希腊人称之为“命运”或“众神”——这是一种诗意的表述，说明天命并不能合情合理地反映出个人的功德——的工作。人们在离开剧院时，已经体会到了剧中的寓意。他们不仅对受害者产生了同情心，也暗自为自己担心。

相对而言，现代社会可谓步履维艰：现代人似乎难以接受为什么一个真正的好人无法取得成功这样一种事实。人们在遭遇失败之后，往往会把自己批得一无是处，这样一种结论把我们从更令人不安、很少受到宣传，但更为真实的想法中保护起来，即这个世界太不公平了。

我们所有人都站在悲剧的边缘，生活在不愿为我们提供富有同情心的剧作家来叙述我们故事的社会之中。

因为我们妒忌错了人

我们开始妒忌他们，因为他们看起来和我们很相似，而且我们迫切地希望成为他们。我们基本的平等观念释放出了竞争的痛苦渴望。然而，虽然从远处看这些成功人士确实和我们很像，但在这种表象之下，他们显然拥有我们所欠缺的一系列技能：他们的大脑与众不同，擅长以天才的方式，从浩如烟海的数据海洋中综合出所需要的东西。或者，他们每天被迫工作 18 个小时，或是拥有凡人所没有或者不感兴趣的残酷决心。为什么是他们，不是我们？这种想法久久地萦绕在我们心头。但是，它不应该让我们自我折磨，也不应该让我们像输不起的人一样备感痛苦，而应该把我们推向一种我们并不熟悉的感觉——崇拜。

或许在我们与被我们嫉妒的对象之间，真的存在巨大的差异。我们永远不可能和他们真正势均力敌。我们不是在用懒惰或某种被害妄想来解释我们目前的相关处境。当我们不夹杂感情色彩地来看待这件事时，我们会发现，有些成就真的不是我们力所能及的。对于那些以无与伦比的方式取得无与伦比的成功的人，我们应该成为懂得欣赏的观众，而非失落的竞争对手。

因为宏观经济图景出错了

在不同的时期，某种天赋可运用的空间和可获得的奖励是大不相同的。我们是环境的产物。我们的职业成就如何，不仅取决于我们能力的强弱，还取决于我们的时代。

理想的情况是将个人的兴趣和天赋融到有利的经济浪潮中去。想象一下，你成了19世纪下半叶（当时有相当长一段时期，许多不同的教派均斥巨资兴建教堂）英国一位能力出众的教会建筑师，或是 1926 年在好莱坞亮相的演员，或者在 1953 年进军石油行业，或在 2001 年进入澳大利亚的采矿业，又或是在 1997 年成了一个受到适度激励的科技创业者（1999 年成功退出）。对于这些职业而言，它们都有过自己的辉煌年代，虽然今天这些职业的前景大不如前，但问题不在于目前在这些领域中已经没有就业岗位，而是在于职位稀缺且竞争极其激烈。

在我们选择一条职业道路时，我们不仅要考虑纯粹的个人因素，如衡量自己的能力和优势等，还有一些完全不同的问题需要我们考虑：现在大环境如何？不可避免地，我们将卷入一个大旋涡之中。而那些在正确的时间走到“风口”上的人可能仅仅是因为幸运——虽然他们往往不愿承认这一点，但这可以理解。

因为我们斗不过办公室政治

哪怕找到了一份基本适合我们的工作，我们也会因为无法选择的同事而陷入绝望。我们很有可能最终遇上一个并不完美的经理、嫉妒心很强的同事或者问题重重的客户。我们在工作中遇到这些令我们不满的障碍并非出于偶然。那只不过是一个关于一般人的痛苦事实的结果：一个人会把自己的很多问题带到工作生涯中去。他们可能在发号施令方面得心应手；他们可能会因为别人的成功而感觉自己的位置岌岌可危；他们可能想在会议上独享一言堂；他们可能没那么光明正大，总是在背后贬低我们；或者他们总是倾向于极力推卸责任。悲哀的是，我们几乎不可能找到一种完全没有此类现象的工作，因为这种现象并非仅仅局限于某个工作场所，而是人性使然。那种近乎无可避免的办公室政治意味着，没有一种工作会像我们想象中的那么完美。

因为我们已经筋疲力尽

把我们最大的恐惧归咎于某些铁打一般的事实与想

法，这种感觉再熟悉不过了。我们偶尔会遇到这样的情形，仿佛工作中事事都不顺心。我们搞砸的时候，或者觉得已经无路可逃的时候，我们接受的教育使我们相信，我们之所以身陷麻烦之中，是因为某个重大原因——我们对工作的需求有一个错误的认识；我们不够聪明；我们误打误撞，选择了一种错误的职业。但是，我们之所以感觉情绪低落、笨拙无能，其实可能只不过因为早饭没吃好，或没睡好觉而已。也许是连续几天乌云密布，我们已经好多天没有看到太阳了；或是我们盯着屏幕看的时间太久了；也可能是办公室里的空气有些混浊了。我们心想自己可能需要一些特别惊天动地的补救方法——要和同事摊牌，要和供应商针锋相对，要马上写一封简短的辞职信，或者拿上背包去安第斯山脉当 6 个月驴友。但实际上，我们真正需要的只是晚上早点睡觉，喝上一杯水，在街区里走一走，或是添置一个台扇。

在职场中，人们似乎并不熟悉这种解决方案。但是在其他生存领域中，我们则很熟悉这种做法。明理的父母都知道，婴儿突然大发脾气时，是没有必要白费气力和他讲道理，希望他走出痛苦的。不妨先让孩子直接上床，让他踏踏实实地睡个大懒觉。在我们的内心之中也有一个孩子，一个遍体鳞伤、动辄大发脾气的孩子。我们要做自己内心孩子的监护人：他并不是一个永不知足的魔鬼，只是身体稍有不适而已。

* * *

自我同情与宣称自己无辜是有所区别的。它意味着我们极其了解所有可能导致人们失败的原因。毫无疑问，我们是笨蛋傻瓜，但我们有生存权，需要有人倾听我们的呼声，而且希望人们同情我们、原谅我们。

三　一种工作远远不够

人们认为在工作上我们应该从一而终，但是在任意一个星期里，我们总有一些时候会做一做白日梦，希望换一份工作。我们的本职工作可能是审核三个主权国家的税收政策是否合理，评估在波兰开美甲店的商业前景，或是教一班 14 岁的孩子学习二次方程。但是，我们偶尔也会分心去想其他工作的乐趣：管理一家滑雪场，从事医疗研究工作，或是经营一家旅行社。这些只不过是漫无边际的想象，但它们经常会影响我们对现有工作的投入。

并不是说我们对本职工作缺乏忠诚，我们只是习得了人类社会的一个基本特点：我们真的在许多领域里都有天赋，只是没有机会一一尝试而已。我们的很大一部分工作才华只能被我们带进坟墓里而得不到发挥，因此在把这些才华带入坟墓之前，不如让它们恣意施展一番。

当我们回首童年时光时，就能理解我们此刻心神不定的根源了。作为孩子，父母对我们真的极为宽容。在一个星期六的早上，我们可能会多穿上一件套头衫，把自己想象成一个北极探险家；然后又有一阵子，我们觉得自己是一个建筑师，建起了乐高房子；接着我们又成了一个摇滚明星，正在谱写一首关于玉米片的歌曲；或是一个发明者，正在想方设法把四支笔粘在一起，加快上色的速度。有那么几分钟的时间，我们想担任紧急救援队队员；然后我们又摇身一变，成了一名货机飞行员，出色地将飞机降落在走廊的地毯上；我们对一只针织兔子进行了抢救；最后我们又成了一名副厨，正在帮忙准备火腿和芝士三明治作为午餐。

每一次类似这样的“过家家”都可能是职业意识的萌芽。但是，我们最后只能做出一种选择，然后连续50年从不间断地重复这种工作。我们的才华是远非工作世界可以发挥穷尽的。在发表于1881年的《自我之歌》（‘*Song of Myself*’）中，美国诗人沃尔特·惠特曼带给我们许许多多耳熟能详的诗句：“我宽阔无垠，我包容万物。”言下之意是，自我有许多生趣盎然、魅力无穷、颇具竞争力的版本，美好的生活方式和工作方式有很多。但是其中只有极少数人能得到适当的发挥，在我们唯一一次拥有的生命之中将其变为现实。难怪我们总是默默地、痛苦地为自己未能实现的命运扼腕长叹，间或带着一种真实的痛苦意识到，原来我们真的可以成为另一种生命、另一个人。

我们无法展示自己“包容万物”的一面并不是我们的错。现代职场除了让我们成为专才之外，别无其他选择。我们不可能在一周的某个下午做飞行员，一个月里有两天当树木造型师，然后在晚上当个唱作歌手，与此同时还兼职担任政治顾问、管道工人、服装设计师、网球教练、旅行代理与一家黎巴嫩小吃餐厅的老板，哪怕我们真的需要从事所有这些工作才能够彰显我们广泛的兴趣与潜力。

我们为什么不能同时身兼多职呢？第一个阐述个中理由的是苏格兰哲学家亚当·斯密（1723—1790）。在《国富论》（1776年）中，亚当·斯密指出他所谓的“分工”可以大幅提升集体的生产力。在一个人人无所不能的社会里，鞋子、房子、钉子、麦子、马鞍和马车轮的产量是极有限的，因为无所不能说明无一样精通。但是，如果人们只专注于一个小领域（锻造铆钉、调整辐条、制造绳子、铺设砖块，等等），工作速度就会加快，工作效率就会提升，而且由于有了集体的智慧，生产水平也会大幅提升。由于努力的方向集中了，我们虽然失去了无所不能的乐趣，但社会就其整体而言，会富裕得多、物产也丰富得多。正是由于亚当·斯密所预见的这样一个社会，我们最后获得了各种各样的职衔：高级包装与品牌设计师、临床医生、研究中心主任、风险与内部审计控制师、交通政策顾问——换言之，每一个人都是一个庞大的高效机器上的小小螺丝钉，比过去富裕得多，但也饱含着表达多才多艺的自我的隐秘渴望。

我们所有人只从事与我们个性相适应的一星半点的工作，意味着有一种衡量失业的全新方法。无论我们真正从事的是何种工作，我们至少还有其他九种职业潜能，这些潜能目前还隐藏在雇用我们的职场之外。我们并不熟悉但真实存在的是，官方就业数据有很强的误导性。他们不会考虑每一个人原则上可能从事的各种各样的工作。英国的劳动力人口至少有3300万。在写作本书时，官方登记的失业人口有169万人，约占总数的5.5%。但是考虑到每一个人可以从事的工作林林总总，因此在任意一个时期，都有大约3.3亿个潜在职场人士在寻找职业成就感。而我们整体中90%以上的工作能力都没有受到雇用。

与儿时的过家家相比，我们的生活受到了致命的限制。解决这个问题绝非易事。正如亚当·斯密所言，原因并不在于我们所犯的个人的过错，而是生产高效、竞争激烈的市场经济大逻辑强加在我们身上的一种局限性。但是，我们总是自怨自艾地认为，我们个人的特长还有很多没有得以充分发挥。我们并不是傻，也不是忘恩负义，我们只是意识到了就业市场的需求与每一个鲜活生命的广泛潜力之间存在的冲突。深刻地理解这一点之后，我们会感到一丝伤悲。但是它同时提醒我们，无论我们做什么事，这种成就感的匮乏将始终伴随着我们。改变工作并不会治愈我们。那是一种存在主义的悲哀，它是由我们碰巧所属的历史时期所决定的。

在我们的工作经历和情感经历之间常常有一条平行

线。有一个奇怪的事实是，尽管世界上有那么多人，但是毋庸置疑我们只会和几十个伙伴或者几百个人有亲密的关系。当然，我们并没有责怪任何一个现有伴侣的意思。他们会使我们将不同的个性展露出来，会以不同的方式取悦我们，会让我们感到失落，也会让我们接触新的乐子。但是，和工作一样，专业造就优势：这意味着我们可以有所专注，在稳定的环境之中抚养孩子，学习妥协的学问。

在爱与工作中，生活要求我们成为专才，虽然就人类的天性而论，我们适合于各种冒险。而且在我们身上，许许多多极具诱惑力的自我版本正以胚胎的形式隐藏着，但可能从来没有找到合适的机会展露出来。这是一种清醒的认识，但同时也是一种自我安慰。我们承受着痛苦，但是，这种痛苦之中也蕴藏着某种奇异的尊严，因为它不会唯独影响到我们某一个个体。它对于实习生是如此，对于CEO也是如此；对于会计如此，对于艺术家也是如此。每个人都能找到多种多样的快乐，这使他们沉溺其中。在这种磨难之中，我们卷入了人类共同的命运。带着某种忧伤的骄傲，我们把工作搜索引擎从我们的收藏夹中移除了，也取消了某个约会网站的订阅服务，因为我们恰如其分地意识到这样一个事实：无论我们做什么工作，我们的部分潜力都无法得到挖掘，也没有机会臻至成熟，这样做是因为专注和专业让我们获益良多。

四　再陷爱河

虽然我们一般不会用到这个词，但是我们完全有可能（事实上，这种情况很常见）迷恋工作。迷恋工作和迷恋一个人是一样的。看到（所谓“看到”或许不过是在机场或酒吧里的惊鸿一瞥）他们之后，我们心想：或许和这个人在一起，我会幸福；他们的发型，他们穿的鞋子，他们的脸形，他们的特定站姿或微笑……这些小小的细节让我们看见了一个相濡以沫的幸福未来。如果我们现在正在一段感情关系里，这种迷恋极有可能会让我们觉得，我们目前的伴侣还远远没有发挥出自己的潜能。或许我们应该抛弃他们，找一个新的、更有趣的人在一起。我们不由自主地在两个人之间做出了不好的比较：我们熟悉的那个人已经变得有点让人腻烦，而新人却魅力无穷。

经验告诉我们，这种魅力无穷的白日梦终究是不可信的。但是，我们总是在屡屡犯错之后才会明白个中道理：我们发现，好看的鞋子不一定能展现主人镇定自若的个性；发型不一定是睿智的外在表现；笑容可掬的人在关键时刻也可能毫无同情之心。换言之，我们慢慢明白了，不管一个人的外表有多迷人，他们身上都可能有一整串令人讨厌却又无可奈何的品质，正如我们自己一样。

在工作中也有类似的情况。一想到另一种工作，我们就会激动不已。我们对于外在指标和简短的描述非常敏感。你看到一家公司的办公室装修得富丽堂皇（打过蜡的地板，砖块砌成的墙，成箱的依云矿泉水）；你注意到建筑师们的眼镜都特别可爱；你在派对上认识的一个人要到瓦努阿图共和国的一家医疗慈善机构担任后勤主管；或者一个朋友的朋友创办了一家奢侈文具店，似乎找到了一个很好的细分市场。类似这样的起点足以让你对工作心驰神往。我们开始幻想，如果我们也从事这些工作，那该有多棒啊！与这些工作相比，我们目前所从事的工作是那么平淡无趣！我们开始讨厌平凡的同事，讨厌灰色的办公隔间，讨厌在和别人谈起我们的工作时，别人并不会投来羡慕目光的事实；讨厌还在给别人打工，而不是自己当老板。我们过去常常想，我们挺喜欢自己的工作，但是一旦我们迷恋上另一种工作后，就会觉得自己失去了很多东西。

然而，现实令我们颇感不安的是，每一种工作都有自己的问题，只是我们对于我们所迷恋的工作的无聊、揪心和令人沮丧的一面还没有清醒的认识。如果可以试着工作一两个月，我们很快就会意识到这一点。可爱的办公室属于一家解聘政策极其严厉的公司，只要连续两次差评，你就得走人。上一周有些员工把自己锁进厕所里，痛哭流涕。医疗后勤主管经常要与绝望做斗争，要面对无法克服的问题。他们要把很多时间花费在索贿行贿金额的讨价还价上，还要确保供应链失窃现象最小化。奢侈文具店老板每天凌晨 3 点就醒了，试图找到解决现金流问题的办法。那些戴着精美眼镜的建筑师在背后一个劲儿地说彼此的坏话。我们在从事一种工作的时候对其中出现的问题会特别在意。其他工作之所以很有吸引力，是因为我们只看到了其积极向上的一面。此外，我们对自己工作的美妙之处其实早就已经麻木了——我们忘了目前的工作最初吸引我们的地方。工作的美妙之处已经看不到了，我们只是清晰地看到了它的悲哀之处。但是，对于我们所迷恋的工作，所有吸引人的地方还是新鲜的、陌生的，我们对其充满了极大的热情。所以，问题并不在于另一份工作有多好，而只是因为对比的条件对我们目前从事的工作来说不利。

与其因为迷恋一份想象中的工作而使自己不开心，不如试着去重新爱上我们所拥有的、其实也不赖的工作。我们可以进入一种重新欣赏的状态。这听起来有些陌生。但是，其实我们以前很可能也体验过这种重新欣赏的乐趣。重新欣赏是艺术中的一个重要主题。

在莫奈开始画田野之前，田野是美妙的。但是，耕种并不是一种荣光无限的职业，难怪与莫奈同时代的许多人早已经忘记了乡间的田野有多美。或许在孩提时代，他们觉得在高高的草地里溜达是一件很有趣的事情。但是，长大成人之后，在他们看来，田野就是泥土，就是寒冷的冬日早晨，就是不准时的从城里来的火车的代名词。莫奈所做的就是让我们再一次感受到田野的迷人之处，以一种全新的目光来看待田野——看看色彩是多么迷人，远处蓝色的雾霭是多么甜美，橡树林中的花朵是多么美好。我们又和那种魅力联系在了一起，而那种魅力其实一直都在那里，只是我们早已养成了一种忽视它的习惯。

同样，在情感关系中也有这种积极的重新欣赏的过程。和一个人相处多年之后，他们身上的那种迷人之处变得再熟悉不过，于是我们开始忽视它们。我们也成了挑刺儿的专家，一个劲儿地寻找他们身上最令人讨厌和反感的东西。但是，有时我们也有机会扭转这一趋势。或许是因为我们看到了初次相识时的照片，它让我们想起了对方身上那些真的很美好的东西，那些一开始就让我们激动不已的东西。我们再次发现了他们羞涩的笑容，发现了他们颇富同情心的表情，发现了他们令人惊喜的手腕（羊绒套头衫的袖子卷起后露了出来）。或者，我们去参加了一场工作会议，出差了几天，回来后意外地发现对方正在机场里等我们。出差产生了距离美，我们再次发现了对方的迷人之处。又或者，我们听说一个双方都熟悉但没什么来往的人迷恋上了我们的伴侣，他认为我们的伴侣魅力四射、优雅无比。我们当然有点气恼，但与此同时，我们又开始了一种非常有趣的重新发现之旅：通过这个潜在竞争对手的眼睛，我们再次发现了自己很可能错过了的美。

换言之，我们是一种能够进行自我调节的生灵。有时，我们可以转换一下方向。我们有能力再仔细端详一眼。对于自己的工作，我们可以来一次莫奈式的转弯。最理想的是，我们可以请一个伟大的艺术家拿我们的工作日常来训练他们的眼光，请他们找出我们工作中可爱、迷人的地方，然后用明信片的形式展示给我们看——我们可以去买这些明信片，张贴在办公桌上方。但是，如果做不到这一点的话，我们也可以自行发现其中的美。

假设有人采访我们，问到我们对工作的看法：你的工作有哪三大好处？你的答案会是什么呢？当然，答案是不足为奇的。但是它可以让我们把目光投向工作中真正积极的方面，这些方面可能并不是我们每天一下子就能想到的。或者，我们可以假设有一本杂志想拍摄我们的工作场景。杂志社的目的很明确，就是要向读者展示这是一个有趣的、激动人心的工作之所。那么杂志社可以拍摄什么场景呢？这就好比是一个深谙摄影之道的房产中介，拍的房产照片可能会让业主大吃一惊。业主都忘了原来自己的房子那么美，而现在居然傻傻地搬了出去。

我们可以教会自己在某种程度上重新爱上我们目前的工作。那不会是一种痴迷。那也不会像我们第一次坠入爱河时的情景。那会是一种更加成熟但仍然真实的爱，一种充分意识到各种不完美和缺陷的爱，一种意识到妥协和困难之处，但仍然可能感觉得到那些重要优点真正存在的温暖与欣赏。它和情感关系里发生的事情是相似的，一对夫妇成年累月打打闹闹之后，开始正视另一半。他们知道这并不是他们梦寐以求的，但是他们能看到另一半从很大程度上来说是支持他们的，真的是在为他们着想。虽然那或许不是另一半真正需要的，但也是真心实意的表现。他们身上那种并不显眼的美德得到了承认，而在一起的那种不事声张的快乐也获得了欣赏。

重新爱上一份工作意味着我们意识到迷恋上另一种工作是错误的。我们逐渐意识到没有任何一份工作可以集我们的渴望于一身。但是，它仍然会让我们感到自豪，我们仍然能从中获得乐趣。

五　足够好的工作

告诉别人或我们自己不要把目标定得太高听起来似乎有点别扭，像是酸葡萄心理和输不起的心理在作祟。当然，有时确实是出于以上两种心理。但是，在其他时候，那也会是一种非常睿智、大度的建议，因为当我们自责未能活成想象中的理想之人时，它可以减轻自我攻击中那种奇怪而又强大的力量。

这种削弱我们无情的完美主义思想的做法，最早是由英国心理分析师唐纳德·温尼科特（Donald Winnicott）于 20 世纪 50 年代提出来的。温尼科特是研究亲子关系的专家。在其临床实践中，他经常遇到一些竭尽全力想为孩子包揽一切，但最终陷入绝望的父母。父母很生气，也大受打击，因为家庭生活和他们的想象相去甚远：孩子们要么内向，要么淘气，父母们筋疲力尽，大为恼火。最初的希望最后也往往演变成了绝望。

温尼科特关键的洞见在于：父母之所以痛苦，是因为他们努力过度了。为了帮助他们，他提出了一个颇有吸引力且相当实用的概念，即所谓的“足够好的父母”。他坚称，孩子们不需要完美的父母，但他们非常需要还不错、非常体面、始终保持心地善良、大多数情况下温暖和讲道理的父母。这并不是因为温尼科特退而求其次，而是因为他意识到，为了让自己保持平衡、强健和持久（实际上是一个非常大的野心），我们应该与我们的缺点好好相处，拒绝为了实现一个任何普通人都无法企及的目标而自我折磨。

发明“足够好”这一概念是为了赋予失败一种尊严，因为成为理想之人或成就理想之事是惩罚性的、事与愿违的。它指出在不追求完美无缺、毫无缺陷的较低水平层面上，有许多真正重要的事情正在发生。温尼科特想告诉父母们，“足够好”是一种更为理智，因此也更加光荣的目标。

我们记住了温尼科特给父母们提出的忠告之后，就可以将其为我所用，发展出一种“足够好”的工作理念。“足够好”的工作有一系列正常的缺陷：有时无聊，有时烦琐；有时会让我们有挫败感，有时会令我们焦虑；有时还得忍受你不是特别尊重的人的评头论足；它不会完美地发挥你的特长；你也永远都不可能发财；有时尽管你内心不情愿，还是得委曲求全；对于一些很讨厌的人，你还得装出一副笑脸；你最好的点子并非总被采纳；某些竞争对手很可能会超过你；有时候你甚至会觉得自己是傻子，悔不该当初选择了这种工作。

但是，在一份足够好的工作中，你慢慢会发现许多正面之处。你会交到一些亲密的朋友；你会体验到真正的激动人心；你会经常看到自己最大的努力得到了人们的认可，并受到了奖赏；你会欣赏自己以及团队其他成员的整体价值取向；很多时候你会觉得很累，但是很有成就感。

公众不会为你唱赞歌；你不会做到巅峰；你不会单枪匹马地改变这个世界；许多关于职业的幻想都会轻轻地随风而去。但是你会知道，你是带着荣誉与尊严在工作的，而且，你足够热爱你的工作，以一种安静、成熟、不过分乐观而又非常真实的方式。而那本身就是一个非常了不起的成就。

人生学校：理想的工作

［英］人生学校 编著
王绍祥 译

图书在版编目（CIP）数据

人生学校：理想的工作 / 英国人生学校编著；王绍祥译 . —北京：北京联合出版公司，2018.11
ISBN 978-7-5596-2426-0

Ⅰ . ①人… Ⅱ . ①英… ②王… Ⅲ . ①职业选择－青年读物②自我评价－青年读物 Ⅳ . ① C913.2-49
② B848-49

中国版本图书馆 CIP 数据核字（2018）第 172795 号

A Job to Love

by The School of Life

Copyright © The School of Life 2017
Simplified Chinese edition copyright © 2018 by United Sky (Beijing) New Media Co., Ltd.
All rights reserved.

北京市版权局著作权合同登记号 图字：01-2018-6421 号

选题策划　联合天际·综合产品工作室
责任编辑　孙志文
特约编辑　张　林　姚飞廉
封面设计　@broussaille 私制
版式设计　汐　和
内文排版　冉冉设计工作室

UnRead
–
生活家

出　　版　北京联合出版公司
　　　　　北京市西城区德外大街 83 号楼 9 层　100088
发　　行　北京联合天畅文化传播
印　　刷　北京联兴盛业印刷股份有限公司
经　　销　新华书店
字　　数　80 千字
开　　本　787 毫米 × 1092 毫米　1/32　7.75 印张
版　　次　2018 年 11 月第 1 版　2018 年 11 月第 1 次印刷
I S B N　978-7-5596-2426-0
定　　价　58.00 元

关注未读好书

未读 CLUB
会员服务平台

本书若有质量问题，请与本公司图书销售中心联系调换
电话：（010）5243 5752　（010）6424 3832

未经许可，不得以任何方式
复制或抄袭本书部分或全部内容
版权所有，侵权必究